U0732419

本书为全国教育科学规划国家青年基金课题《中等职业教育与普通高中教育成本效益比较研究》（CFA080241）的最终研究成果

中等职业教育与普通高中教育成本收益比较研究

李兰兰　王琼芝　著

经济科学出版社

图书在版编目（CIP）数据

中等职业教育与普通高中教育成本收益比较研究/李兰兰，王琼芝著. —北京：经济科学出版社，2013. 10

ISBN 978 – 7 – 5141 – 4003 – 3

Ⅰ. ①中… Ⅱ. ①李…②王… Ⅲ. ①职业高中 – 教育投资 – 投资收益 – 研究②高中 – 教育投资 – 投资收益 – 研究 Ⅳ. ①G718. 2②G637. 5

中国版本图书馆 CIP 数据核字（2013）第 271538 号

责任编辑：李 雪
责任校对：郑淑艳
责任印制：邱 天

中等职业教育与普通高中教育成本收益比较研究

李兰兰 王琼芝 著

经济科学出版社出版、发行 新华书店经销

社址：北京市海淀区阜成路甲 28 号 邮编：100142

总编部电话：010 – 88191217 发行部电话：010 – 88191522

网址：www. esp. com. cn

电子邮箱：esp@ esp. com. cn

天猫网店：经济科学出版社旗舰店

网址：http：//jjkxcbs. tmall. com

北京密兴印刷有限公司印装

710 × 1000 16 开 15. 5 印张 230000 字

2013 年 11 月第 1 版 2013 年 11 月第 1 次印刷

ISBN 978 – 7 – 5141 – 4003 – 3 定价：53. 00 元

（图书出现印装问题，本社负责调换。电话：010 – 88191502）

序

教育成本与收益是教育决策中的重要问题。从家庭和个人的教育决策来说，教育的私人成本和预期收益是家庭和个人教育决策的重要出发点，教育的私人成本不仅包括私人直接成本，而且包括私人间接成本，预期收益不仅包括预期货币收益，而且包括预期非货币收益。现阶段，我国高中阶段的教育不是义务教育，而是选择性教育，需要初中毕业生根据自身实际情况作出选择。中等职业教育与普通高中教育是高中阶段两种不同的教育类型，初中毕业生是愿意选择中等职业学校还是愿意选择普通高中就读，是毕业生与其家庭权衡这两类不同教育的私人成本与预期收益后作出的理性选择。

中等职业教育是我国高中阶段教育的重要组成部分，担负着培养数以亿计高素质劳动者的重要任务，是我国经济社会发展的重要基础。20 世纪 90 年代以前，在我国，成绩优秀的初中毕业生纷纷报考中专，成绩越好越报考，反映出初中学生对中专学校普遍追求的倾向，呈现出“中专热”的局面。然而，20 世纪末至 21 世纪初，这种局面得以打破，中职学生辍学率节节攀升，受到了我国政府和学者们的广泛关注。这部著作运用经济学中成本—收益的理论与方法，以规范分析与实证分析相结合的方法进行了深入系统的研究，对该问题做出了回答。

本书取样了湖南省 1993 届和 2002 届中等职业教育毕业生和

普通高中毕业生，分析了他们当年的求学成本和目前的货币与非货币收益，认为1993届中职教育毕业生相对于普通高中教育毕业生而言，个人成本低、个人收益高；2002届中职教育毕业生相对于普通高中教育毕业生而言，个人成本高、个人收益低。这两届中职毕业生个人成本在增加，个人收益在降低，这是导致中职学校出现落差的根本原因吗？作者在研究中发现，2010年和1991年的中职学生均能受到很好的资助，但辍学率出现天壤之别。因此，作者认为，影响初中毕业生选择中等职业教育还是选择普遍高中的最重要因素是个人的预期收益，而非求学成本。

作者在本书中的主要贡献和创新之处在于：第一，运用经济学中成本—收益的理论与方法探讨中等职业教育的发展问题。我国学者运用成本—收益研究教育问题，主要集中在义务教育和高等教育，探讨中等教育的成果甚少。从这个意义上说，此项研究具有开拓性和创新性，将有助于中职教育研究的拓宽和深化，也将有助于中职教育的发展。第二，作者用实证方法着重研究了我国中职学校出现落差的原因，发现影响初中毕业生是选择中等职业教育还是选择普遍高中的最重要因素是个人的预期收益，而非求学成本。这一结论也映射了我国教育政策尤其教育财政政策做了重大调整，中职教育在招生人数上有了较快发展以后，中职教育在质量上仍令人担忧。如果伴随中职的大规模扩招，中职学校出现生均教育资源占有量走低，教育产出堪忧，最终导致教育效益下滑等现象，势必会影响中职教育持续发展。第三，提出了发展中等职业教育的政策建议，这对于政府教育决策有一定的参考价值。成本—效益理论要求各级政府用同样甚至更少的资源来做更多的事，目前在教育经费不足，尤其是职业教育经费严重不足的情况下，如何配置职业教育资源显得尤为重要，用于资助学生的比例应为多少，用于学校师资培训的比例应为多少等，这些问题的探讨很有价值。

在目前我国大力发展职业教育的背景下，运用经济学中成本—收益的理论与方法系统研究中等职业教育的发展问题，具有浓厚的时代特色和价值意义。该书的出版不仅展现了作者在学术上勇于创新的勇气和求真务实的作风，而且映射出作者驾驭重大问题研究的能力和与时俱进的精神。当然，作者在这一研究还有待于进一步提高，追求真理是一个不断探索、永无止境的过程。职业教育经济学在今后很长一段时间内会是教育经济学领域研究的热点和难点，希望和相信作者会在不断探索的过程中感悟颇丰、收获颇多，期待着作者的累累硕果。

王善迈

2013 年 11 月 22 日

目　　录

第一章

导论

一、问题的提出和研究意义

产生于20世纪的人力资本理论告诉我们，尽管在某种程度上教育可以说是一项消费活动，它为受教育的人提供满足，但它主要是一项投资活动，其目的在于获取本领，以便将来进一步得到满足，或增加此人作为一个生产者的未来收入。① 从经济学角度来看，人力是一种重要资源，教育是一种投资，一种能够与所有物资资本一样获取经济效益的投资。对受教育者个人来说，因为接受教育，受教育者能增加知识，获取技能，提高个人的收入；对社会来说，教育可以提高劳动者的生产技能，维持社会的安定团结，促进经济发展。所以，教育投资是一种生产性投资，它可以为投资者个人和社会带来广泛的直接或间接收益。

资源具有稀缺性这一特点决定了任何投入都要讲究效益，教育也不例外。教育的进行，要投入一定量的人力与物力，表现为一定的教育投资或教

① ［美］西奥多·W·舒尔茨：《人力资本投资——教育和研究的作用》，蒋斌、张蘅译，北京：商务印书馆1990年版，第62页。

育成本。教育的产出包括直接产出和间接产出，直接产出是受教育者劳动能力的提高，通常以各级各类学校培养的各种熟练程度不同的劳动者和专门人才表示。教育的间接产出指这些劳动者和专门人才投入社会经济领域后，会引起国民收入或国民生产总值的增长。我们将教育的间接产出与教育投入的比例称为教育经济效益，教育的直接产出与教育投入的比例称为教育效率。[①] 贝克尔指出："唯一决定人力资本投资量的最重要的因素可能是这种投资的有利性或收益率"。[②]

理性的"经济人"出于对经济利益的追求，在考察了个人（家庭）教育投资的全部成本及收益后，根据投资的风险与收益大小，做出不同级别和不同类型的教育投资决策。教育投资行为是投资者权衡了其承担的全部成本和将取得的收益后的结果，成本收益分析是个人（家庭）进行教育投资决策的主要依据（Becker，1964；Jackson & Weathersby，1975；Kohn，Manski & Mundel，1976；Chapman，1979；Venti & Wise，1982；Weiler，1984，1987；Hossler，Braxton & Coopersmith，1989；Paulsen，1990；Kane，1994；DesJardins，Dundar & Hendel，1999；Hossler，Schmit & Vesper，1999；St. John，Asker & Hu，2001；Toutkoushian，2001；DesJardins，Ahlburg & McCall，2006）。

中等职业教育与普通高中教育是高中阶段的两种不同教育类型。20 世纪 90 年代初期以前，中等职业学校尤其是中等专业学校往往是初中毕业生梦寐以求的学校，但 1999 ~ 2004 年，我国中等职业教育发展缓慢，中职学生数占高中阶段学生数比例逐年下降，中职学校数逐年减少，基本上形成了"普高热、职高冷"的局面。尽管后来在国家政策的大力支持下，中职招生人数逐步增加，在校生数占高中阶段学生数的比例逐步回升，2007 年，全国中职学校首次招进 800 万人，在校生规模达到 2100 万人，与普通高中规模基本持平。但不可否认的事实是，在这看似"回暖"的背后，中职学校招生依旧困难，为了完成各级政府下达的指标，庞大的招生费用让本来经费

① 王善迈：《教育投入与产出研究》，河北：河北教育出版社 1996 年版，第 245 ~ 246 页。

② 贝克尔：《人力资本——特别是关于教育的理论与经验分析》，梁小民译，北京：北京大学出版社 1987 年版，第 42 页。

就较为紧张的中职学校雪上加霜，生源质量也远比高中差，[①] “生源大战”使中职招生进入“无门槛”时代，[②] 中职学校往往成为中考落榜生的收容所，学生选择中职绝大部分是基于考不上高中、迫不得已等原因而做出的选择。伴随中职的大规模扩招，本来在结构、质量、特色等方面就存在不少问题的中职学校势必出现生均教育资源占有量走低，教育质量下降，教育产出堪忧，最终导致教育效益下滑等现象。因此，将中等职业教育与普通高中教育成本效益作对比研究，有利于避免教育资源浪费，有利于实现高中阶段教育资源的合理配置，有利于用稀缺的教育资源培养数量更多、质量更好的高中阶段的学生。

二、研究内容

本书对湖南省 1993 届和 2002 届中职毕业生和高中毕业生进行追踪调查，预计完成以下三个方面的研究：

一是分析 1993 届和 2002 届中职和高中毕业生当年的求学成本，比较中职和高中这两种不同类型教育的学生个人负担的直接成本差异。

二是从微观角度即学生个人角度分析投资中等职业教育和普通高中教育所获得货币与非货币收益状况。初中毕业的学生是选择中等职业教育还是普通高中教育都是在比较目前所花费的成本和预期收益的基础上所做出的理性选择，这种收益不仅包括预期的货币收益，而且包括预期的非货币收益。

浏览我国学者对中等职业教育和普通高中教育收益的研究，笔者发现，大部分研究结论是，中职的个人收益略高于高中，但这些研究选取的样本是

---

① 李兰兰分析了北京师范大学王善迈教授承担的 2005 年度教育部哲学社会科学研究重大课题攻关项目《公共财政框架下教育财政制度研究》2007 年 5 月底对湖南省 n 县和 x 县职业中专以及同级普通高中的调研数据发现，n 县和 x 县职业中专在校生当年参加湖南省中考的平均分只有 494. 23 分，而普通高中在校生的平均分达 623. 47 分，前者比后者低近 130 分。北京大学宋映泉副教授以“初高中学生信息干预实验研究”课题组在我国西部某省 41 个国家级贫困县所收集的抽样调查数据，报告了农村初中阶段学生的分流意向、教育选择及影响因素分析结果。关于初中阶段学生毕业后实际教育选择的影响因素，回归分析表明，学习成绩是学生就学意向和实际教育选择的最重要影响因素，即学习成绩越好的学生，就越有意愿也越有可能去上普通高中。

② 谢洋：招生“无门槛”西部九校调研揭示中职教育隐忧，中国新闻网，2010 - 01 - 18。

中职就业者和高中就业者，也就是说是最后学历为中职或高中的人。教育部副部长杜玉波在国务院新闻办公室就“十一五”教育改革发展及“十二五”教育工作召开的新闻发布会上公布，2010 年我国高等教育毛入学率达 26. 5%。[①] 据统计，1993 年我国高中升入高等教育的比例为 43. 3%，1999 年高中升入高等教育的比例达到 63. 8%，2010 年却上升为 83. 3%。[②] 因此，在目前这种情况下，我国高中毕业的学生通过参加高考，绝大部分能进入各类院校接受高等教育，这样，高中学生相对于中职学生来说，就存在一种潜在收益，如果忽视了这种潜在收益，就很难解读 1999 ~ 2004 年我国存在的“普高热、职高冷”，以及后来出现的尽管国家政策的大力支持，但中职招生仍然进入了“无门槛”时代等现象。为了合理分析中职和高中学生的成本收益问题，本书在研究中职就业者和高中就业者货币收益与非货币收益的同时，更辟蹊径，对中职路径和高中路径就业者的货币收益与非货币收益进行对比研究。

三是分析 1993 年和 2002 年两届毕业生学生成本与收益存在差异的原因。

三、拟创新点

1. 本书将成为国内首次对中等职业学校毕业生和普通高中毕业生的成本收益做追踪的研究。我国有学者对中职毕业生和普通高中毕业生的成本收益做过研究，但他们做过的成本与收益研究样本均是分离的，也就是说，学者们对这部分人群分析个人成本，对那部分人群分析个人收益，这样有失偏颇，笔者的这一研究刚好弥补这一缺失。

2. 本书将成为国内首次将中职毕业生和高中毕业生的非货币收益作对比的研究。我国有学者研究过中职毕业生和高中毕业生的货币收益，但教育不仅能给受教育者带来货币收益，而且能给其带来非货币收益，如果仅研究受教育者的货币收益，而忽视其所获得的非货币收益，就会低估教育的收

① 我国高等教育毛入学率达 26. 5%，杭州网，2011 - 03 - 29。

② 谢焕忠主编：《中国教育统计年鉴 2010》，北京：人民出版社 2011 年版。

益。笔者的研究目的就是尽可能全面探讨高中阶段不同类型受教育者的教育收益，故将中职毕业生和高中毕业生的非货币收益进行比较，在国内的研究中尚属创新。

3. 本书将成为国内首次将中职路径毕业生和高中路径毕业生的货币收益、非货币收益作对比的研究。我国学者对中职毕业生和高中毕业生的个人收益的研究仅限于最后学历为中职和最后学历为高中的就业者，在我国2010年高中升入高等教育的比例高达83.3%的状况下，这些研究忽视了就读于高中的学生相对于就读于中职的学生更具有的潜在收益，这种潜在收益是高中升入高等教育的升学率比较高带来的，如果忽视了这种潜在收益，就很难解读曾经存在的“普高热、职高冷”现象，也很难为中职的发展提供新的思路。所以，笔者将中职路径毕业生和高中路径毕业生的个人收益作对比，能更好地分析这两种不同类型教育的个人收益。

四、本书的逻辑框架

本书主要分为七个部分：

第一部分（本书的第二章）主要进行文献综述。在梳理文献的基础上，本书第二章系统介绍国内外学者对中等职业教育成本、收益的研究。并且，通过对比分析，提出中国学者们研究中仍存在的不足以及尚需进一步研究的问题，为后面的探索奠定基础。

第二部分（本书的第三章）主要是中职毕业生和高中毕业生教育成本对比分析。这部分包括两个方面的内容：一是湖南省1993届中职毕业生和高中毕业生年均个人直接教育成本分析；二是湖南省2002届中职毕业生和高中毕业生年均个人直接教育成本分析。针对这两届毕业生进行追踪调查，分析他们当年的直接成本中“必需的成本支出”和“自愿的成本支出”的比例，从而分析这两届毕业生教育成本支出的异同。

第三部分（本书的第四章）是教育收益理论部分。这部分介绍了教育收益的概念和分类以及教育收益的计算方法，为下面分析中等职业教育与普通高中教育收益奠定基础。

第四部分（本书的第五章）是有关中等职业教育货币收益的探索，这种探索也是建立在与普通高中进行对比分析的基础上的。这部分的调查样本也是湖南省 1993 届和 2002 届中职和高中毕业生，笔者先分析 1993 届和 2002 届中职和高中毕业生中最后学历为中职和高中就业者的个人货币收益，再分析这两届学生中的中职路径和高中路径就业者的个人货币收益。后者的分析主要是因为我国大部分学者对各级教育收益的研究得出中职个人收益大于高中个人收益的结论，而这一结论很难解读社会中曾经存在的中职发展缓慢和“普高热”并存的现象，笔者通过分析中职路径和高中路径毕业生的个人收益，以此来解读上述问题。

第五部分（本书的第六章）是中等职业教育与普通高中教育非货币收益的探索。因为忽视教育的非货币收益，就会低估教育的收益。笔者先分析湖南省 1993 届和 2002 届中职和高中毕业生中最后学历为中职和高中就业者的个人非货币收益，再分析这两届学生中的中职路径和高中路径就业者的个人非货币收益。结合第五章的内容共同来解读社会中曾经存在的中职发展缓慢和“普高热”并存的现象。

第六部分（本书的第七章）为 1993 届和 2002 届这两届中职和高中毕业生收益变化的原因分析。笔者从生均教育资源占有量和师资队伍两个方面分别分析 1993 届和 2002 届两届毕业生中，中职毕业生和高中毕业生个人收益差异的根本原因。希望通过分析这两类高中阶段教育毕业生的个人货币收益和非货币收益差异的原因，为中职事业的蓬勃发展提供些许有价值的政策建议，这也是本书的政策目的之所在。

第七部分（本书的第八章）为政策建议和本书的不足之处。

五、相关概念的界定

根据《中国教育统计年鉴》的统计口径，高中阶段教育包括三个部分：普通高中教育、中等职业教育和成人高中教育。其中，中等职业教育和普通高中教育是高中阶段教育的主体，成人高中教育所占比重非常小。以 2010 年为例，我国高中阶段在校生数为 4677.3 万人，其中，中等职业教育在校生数为 2238. 5 万人，占高中阶段在校生数的比例为 47. 9%；普通高中教育在校生数为 2427. 3 万人，占高中阶段在校生数的比例为 51. 9%；成人高中教育在校生数仅为 11. 5 万人，占高中阶段在校生数的比例仅为 0. 2%。

中职：本书使用的“中职”是指中等职业教育，包括普通中等专业学校、成人中等专业学校、职业高中和技工学校四类。

高中：本书使用的“高中”是指普通高中教育。

第二章

文献综述

第一节

中等职业教育成本综述

查阅各国文献，笔者发现学者们对教育成本的研究主要集中在高等教育和基础教育领域，对职业教育成本尤其是中等职业教育成本的研究比较少，将中等职业教育与普通高中教育成本做对比分析的研究更少。

曾满超（Tsang，1994，1997）探索了正确计算职业教育成本方法的复杂性，并提出职业技术教育的成本高于普通教育的观点。曾满超（Tsang，1997）区别了学校模式的职业教育成本和“学徒制”模式的职业教育成本的同时，还认为在调查中从学校获取的成本数据比从政府部门获取的数据更可信。道赫蒂（Dougherty，1990）设计了上海职业技术学校的成本函数。

中职成本的研究主要集中在中职成本分担这个领域，表 2. 1 是各国学者对学校模式和“学徒制”模式职业教育成本分担的研究结果。从表 2. 1 中可以看出，奥地利、德国、土耳其、芬兰、法国、英国、爱尔兰、西班牙、荷兰、瑞典等国以及埃及、约旦、黎巴嫩、坦桑尼亚这些中东和北非国家，中职成本的分担状况基本是：学校模式的中职教育，中央政府和地方政府负担了总成本的90%左右，学生家庭不用向学校缴纳任何费用，仅仅负担少量的生活费、交通费等，所占比例不到总成本的10%。“学徒制”模式的中职教育，成本基本上由政府（包括中央政府和地方政府）和企业分担，分担的比例因国而异。

表2.1　　　　　　　国外职业教育成本分担研究成果

<table>
<tr><th>研究者</th><th>研究时间</th><th>研究对象</th><th>数据来源</th><th colspan="2">研究结论</th></tr>
<tr><td>Atkinson David</td><td>1999</td><td>英国</td><td>Department of Education and Employment</td><td colspan="2">研究将学校模式和“学徒制”模式中职教育成本分担情况综合计算，1996～1997学年度中央政府负担总成本的76%，地方政府负担1%，企业负担22%，其他占1%。学生个人不仅不用交纳任何费用，而且还能从政府获得补助金用于生活开支，因此只负担部分生活费</td></tr>
<tr><td>Michael Hortnagl</td><td>1998</td><td>奥地利</td><td>Ministry of Education etc.</td><td colspan="2">以1997年为例，中央政府负担的比例为66%～72.5%，邦政府负担15.4%～16.9%，企业负担9.8%～17.9%，学生家庭负担微量生活费约为0.1%，私立职业学校创办者负担的经费为0.7%</td></tr>
<tr><td rowspan="2">Fox Roger、McGinn Kathy</td><td rowspan="2">2000</td><td rowspan="2">爱尔兰</td><td>Department of Education and Science</td><td>学校模式</td><td>以1998年为例，中央政府负担了39.31%，地方政府负担了60.69%。学生不用交纳任何费用</td></tr>
<tr><td>Monitoring Committee Returns</td><td>“学徒制”模式</td><td>以1998年为例，中央政府负担了40.38%，地方政府负担了51.92%，企业雇主负担了7.69%。学生不用交纳任何费用</td></tr>
<tr><td>Pitkanen Kari</td><td>1999</td><td>芬兰</td><td>Ministry of Education</td><td colspan="2">以1996年为例，中央政府负担了52%，地方政府负担了26.3%，欧盟负担了0.8%，企业负担了20.8%。学生不用交纳任何费用</td></tr>
</table>

续表

研究者	研究时间	研究对象	数据来源	研究结论	
Michelet Valerie	1998	法国	Ministry of Education	学校模式	以1996年为例，中央政府负担总经费的73.7%，地方政府负担12.4%，其他公共机构负担0.3%，企业以学徒税的形式负担2.7%，学生家庭负担10.9%，但事实上学生家庭负担的部分全部从政府有关部门以资助的形式获得了补偿
			Directorate for Research and Statistical Coordination	“学徒制”模式	以1996年为例，中央政府负担了总经费的29.2%，企业负担了70.8%
Mukesh Chawla	2005	土耳其	2003年土耳其统计局的调查数据	公立的职业和技术高中，中央政府负担81.96%，地方政府负担0.07%，基金会、协会等负担1.95%，学生家庭主要以生活费的方式负担14.85%，其他1.17%。职业和技术高中学生家庭负担的成本比例远远低于普通高中，普通高中学生家庭负担的成本比例为45.11%	
Hummelsheim Stefan、Timmermann Dieter	2000	德国	Federal Ministry of Education, Science, Research and Technology etc.	以1996年为例，联邦政府负担0.59%，地方政府负担18.11%，市政府负担3.02%，企业负担78.28%	
Oroval Esteve、Torres Teresa	2000	西班牙	Ministry of Education and Culture etc.	公立学校	以1998年为例，中央政府负担总经费的40%，地方政府负担60%
				私立学校	以1998年为例，政府负担总经费的65%，私人办校者负担35%

续表

研究者	研究时间	研究对象	数据来源	研究结论	
Romijn Clemens	1999	荷兰	The Dutch Central Bureau of Statistics etc.	学校模式	经费完全来自政府。学生不用交纳任何费用
				"学徒制"模式	政府和企业分担的具体比例由于缺乏企业方面的成本数据没有做研究
Andersson Ronnie	2000	瑞典	The Ministry of Education and Science etc.	高中阶段的职业教育 99% 以上的经费来自政府，学生不用缴纳任何上学费用	
The World Bank	2005	中东和北非	各国教育部等	1998 年，埃及学校职业教育直接预算拨款占总经费的 92. 7%，企业培训税占 3. 7%，成本回收占 3. 7%；2002 年，约旦学校职业教育直接预算拨款占总经费的 78. 6%，企业培训税占 9. 6%，成本回收占 11. 8%；2002 年黎巴嫩学校职业教育直接预算拨款占总经费的 90. 1%，成本回收占 9. 9%；2001 年坦桑尼亚学校职业教育直接预算拨款占总经费的 66%，企业培训税占 30. 2%，成本回收占 3. 8%	

我国亦有学者对中等职业教育成本进行过研究。张万朋（2008）提出，中等职业教育实行成本分担是多渠道筹措教育经费，从而保证中等职业教育健康、快速发展的较好选择。他分析了我国中等职业教育成本分担的现状，认为主要存在以下问题：一是政府分担中等职业教育成本的比例逐年下降，中等专业学校财政性教育经费从 1996 年的 68. 47% 下降到了 2004 年的 53. 29%，下降了 15. 18%，职业中学财政性教育经费从 1996 年的 65. 49% 下降到 2004 年的 57. 39%，下降了 8. 1%，教育经费投入总量严重不足；二

是个人分担中等职业教育成本的比例呈上升趋势，中职收费水平已达上限；三是社会团体和个人办学经费略有增加，但比例仍然较低；四是社会捐资集资办学经费大幅下降，需要引起足够重视。中等专业学校的学杂费、社会团体和公民个人办学经费分别从 1996 年的 26.32%、0.85% 上升到 2004 年的 32.44%、2.06%，分别增长 6.12% 和 1.21%；职业中学的学杂费、社会团体和公民个人办学经费分别从 1996 年的 17.56%、2.11% 上升到 2004 年的 25.80%、5.77%，分别增长 8.24% 和 3.66%。而中等专业学校和职业中学的社会捐资集资办学经费分别从 1996 年的 2.42%、6.35% 下降到 2004 年的 0.18%、0.76%，分别下降 2.24% 和 5.59%。中等专业学校和职业中学的其他教育经费分别从 1996 年的 5.54%、8.49% 上升为 2004 年的 12.03%、10.29%，分别增长 6.49% 和 1.8%。造成以上问题的原因是：第一，国家关于中等职业教育经费筹措的法规和政策未能全面贯彻执行；第二，中等职业教育对社会资金利用不足；第三，中等职业教育的财政保障机制尚未建立；第四，中等职业教育财政性经费利用效率较低。学校应降低人员经费，同时想办法创收，实行成本分担。

第二节

中等职业教育收益综述

从国内外已有文献来看，国外对职业教育效益的研究主要聚焦于教育收益率，这方面的研究包括个人收益率和社会收益率。从研究方法来看，国外学者将职业教育与普通教育的收益进行对比研究居多，我国学者以各级各类教育收益同时为研究对象居多，单独以职业教育收益为研究对象并与普通教育收益作比较的研究相对较少。

职业教育包括职前职业教育和在职培训两个部分，由于本书聚焦于中等职业教育，将中等职业教育与普通高中的收益作对比，属职前职业教育，因此只就职前职业教育来做综述。

一、职业教育收益率低于同级普通中学教育收益率的研究

根据萨卡洛普洛斯（G. Psacharopoulos）的研究，世界上最早进行职业教育收益率研究的国家是南美洲哥伦比亚，该项目由佛朗克（G. Franco）主持，以都市男性劳工为研究对象，研究发现中等技术教育（学校教育的第六年至第十一年）私人收益率为19%，同级的普通教育私人收益率为30%，表明职业教育的私人收益率低于普通教育的私人收益率。①

菲律宾威廉森和德霍兹（J. Williamson & D. Devorety，1967）主持了一项职业教育收益率的研究。这项研究通过抽样调查，并修正死亡率，但没有考虑税率因素，分别计算了小学、初中、高中、职业学校和大学的收益率。发现社会收益率普通中学为21%，职业教育为11%；私人收益率普通中学为28%，职业教育为11.5%，无论是社会收益率还是私人收益率，职业教育都低于普通教育。②

泰国的包莱克（1970）也对职业教育的收益率进行过研究，研究对象是住在曼谷地区的5000名居民，采取抽样调查的方式，以多元线性回归进行估计，并以父母受教育程度、宗教、父亲职业、家庭所在地、公私立学校、职业学校或普通学校、工作时间、就业机构、厂商大小和职业等因素加以修正。研究结果显示，普通中学教育私人收益率为10%，社会收益率为9%；职业中学教育私人收益率为-2%，社会收益率为-6%。无论是社会收益率还是私人收益率，职业教育都低于普通教育。③

土耳其的古鲁格（A. O. Krueger，1971）从事过职业教育收益率的研究，其样本有两大来源：一是土耳其四个都市地区100个钢丝厂的劳工；二是42个公司8300名职员和12000名工人。古鲁格通过对这两大样本的分析，发现私人收益率普通中学教育为24%，职业中学教育为22%，职业中

① 李建兴：《技术职业教育的成本与效益》，台湾：台湾学生书局1978年版，第84页。

②③ 李建兴：《技术职业教育的成本与效益》，台湾：台湾学生书局1978年版，第85页。

学教育的私人收益率略低于普通中学教育。①

乔治·萨卡洛普洛斯（Psacharopoulos，George，1987）认为因为中等职业教育的单位成本较高，所以普通高中教育的社会教育收益率高于中等职业教育。② 乔治·萨卡洛普洛斯和约翰·洛克斯列（Psacharopoulos，George and Loxley，1985）在对哥伦比亚和坦桑尼亚的中学职业教育进行的评估中也发现职业类课程的收益低于普通类课程的收益，职业科毕业生在寻找职业和就业后工资报酬上无明显优势。③

路易斯·爱德鲁·维拉（Luis – Eduardo Vila）在1981年和1991年对西班牙各级各类的教育收益率的研究中发现，学术性高中教育边际收益率分别为4.3%和6.0%，职业性高中边际收益率分别为3.3%和4.8%。④ 前者明显高于后者。

杭永宝（2005）利用英才网“英才薪资调查”数据，建立中等职业教育个人成本—收益简便模型，计算了目前接受中等职业教育的净人力资本收益情况，得出的结论为：从净收益角度看，初中毕业生接受中等职业教育比直接进入劳动市场者的人力资本要高6634.53元，这使得平均寿命为70岁的接受中等职业教育者持久收入每年提高247.16元。从投资收益率角度看，中等职业教育的投资回报率为8.05%，该回报率远远高于包括目前银行利率在内的大多数投资方式的收益率，只要一个人选择的主观贴现率小于8.05%，其选择接受中等职业教育都是理性的。研究中涉及中等职业教育个人承担费用比普通高中多，个人收益率往往会低于普通高中的个人收益率这一观点，但该研究没有将中等职业教育和普通高中教育的成本和收益进行对比，做进一步分析。⑤

---

① 李建兴：《技术职业教育的成本与效益》，台湾：台湾学生书局1978年版，第86页。

② Psacharopoulos，George. To vocationalize or not to vocationalize? That is the curriculum question. International Review of Education，1987，33（2），pp. 187 – 211.

③ Psacharopoulos，George. Diversified secondary education and development：evidence from Colombia and Tanzania，Published for the World Bank，Washington，D. C.（USA）. 1985.

④ 邢志杰：《关于教育收益率研究的国际比较》，载于《北大教育经济研究》（电子季刊），2004年2月第2卷第1期。

⑤ 杭永宝：《职业教育的经济发展贡献和成本收益问题研究》，江苏：东南大学出版社2005年版，第167～182页。

二、职业教育收益率高于同级普通中学教育收益率的研究

较早得出学校职业教育收益率高于同级普通中学教育收益率这一结论的研究者应该是哥伦比亚的薛尔兹，他的研究非常重视研究方法，除修正教育、年龄、居住期间、其他家庭所得外，并且以每小时的所得代替一般的周薪或月薪。研究样本为哥伦比亚首都地区 684 名男性劳动力，316 名女性劳动力。研究结果发现男性私人收益率普通中学为 34.4%，职业教育为 52.5%；男性社会收益率普通中学为 26.5%，职业教育为 35.4%。女性私人收益率普通中学为 16%，职业教育为 54.7%；社会收益率普通中学为 13.5%，职业教育为 39.8%。因此，该研究得出结论：第一，无论是男性还是女性，无论是私人收益率还是社会收益率，职业教育都高于普通教育；第二，职业教育女性的私人或社会收益率亦均高于男性私人或社会收益率。①

特罗斯特和李（Trost and Lee，1984）对 1973 年美国高中的职业技术科毕业生进行了教育收益率的研究，发现就男性来说，职业技术科高中毕业生的教育收益率高于普通高中毕业生的教育收益率，但作者并未对女性职业技术科高中毕业生的教育收益率作研究。②

法特玛·EL·哈米迪（Fatma El－Hamidi，2005）运用明瑟收入函数分析了埃及中等职业教育与普通高中教育毕业生的教育收益率状况，数据来源于埃及劳动力市场调查（Egyptian Labor Market Survey）1998 年进行的全国性入户调查。研究发现，就男性来说，普通高中毕业生的教育收益率为 6.1%，中等职业教育却为 35.4%；就女性来说，普通高中毕业生的教育收益率为 26.8%，中等职业教育为 30.7%。因此，无论是男性还是女性，中

---

① 李建兴：《技术职业教育的成本与效益》，台湾：台湾学生书局 1978 年版，第 84～85 页。

② Trost，R. P.，Lee，L. F.. Technical tranining and earnings：a polychotomous choice model with selectivity. The Review of Economics and Statistics，1984，66，pp. 151－156.

等职业教育的收益率均高于普通高中教育收益率。①

塔姆莱克·莫恩杰克和克里斯多佛·沃西克（Thammarak Moenjak & Christopher Worswick，2003）对泰国的职业教育做过实证分析，得出的结论是，在统计上中学阶段的职业教育比同一层次的普通教育的收益率更高，估计男性高63.9%，女性高49.4%，该结论暗示着泰国职业教育的力度不够。研究还表明，富裕家庭的孩子喜欢选择职业教育说明了职业学校入学机会并不充足，因此政府还应投入更多的资金来拓宽职业教育入学的口径。②

艾斯特坦塞尔（Aysit Tansel，1999）运用了土耳其国家统计局1994年进行的家庭支出调查数据分析了中等职业教育与普通高中教育的收益率状况，发现在控制样本特征时，男性中等职业学校毕业生的工资高于普通高中毕业生的工资，而且，中等职业学校毕业生的失业率低于同级普通高中。因此，就教育的回报率和失业率来看，中等职业学校的市场产出高于同级普通高中。③

陈晓宇和陈良焜估算了各级各类教育的收益率，发现中专教育比高中教育程度从业者的明瑟收益率高0.77%。在全民、集体所有制从业者中，中专教育比普通高中教育的人群明瑟收益率分别高1.13%和0.83%；在女性就业者中，中专教育比普通高中教育的人群明瑟收益率高2.47%；在东部、中部、西部地区就业的人群中，中专教育比普通高中教育的人群明瑟收益率分别高0.26%、1.32%、2.53%。④

陈晓宇和闵维方（1999）利用1996年我国从业于不同所有制单位的城市劳动力分教育程度的年平均收入数据进行回归分析，得到我国各级教育的明瑟收益率，全民所有制职工高中的教育收益率为2.47%，中专为4.99%，

---

① Fatma El - Hamidi. General or Vocational? Evidence on School Choice, Returns, and Sheep Skin? Effects from Egypt 1998. Twenty-fifth Annual Meeting of The Middle East Economic Association（MEEA）Allied Social Science Associations Philadelphia, Pennsylvania. 2005.

② Moenjak, Thammarak and Christopher Worswick. Vocational education in Thailand: a study of choice and returns. Economics of Education Review, 2003, 22, pp. 99 - 107.

③ Aysit Tansel. General versus vocational high schools and labor market outcomes in turkey. Working Paper 9905.

④ 陈晓宇、陈良焜：《城镇私人教育收益率研究》，1999年，载闵维方主编：《高等教育运行机制研究》，北京：人民教育出版社2002年版。

大专为4.45%，大本为6.66%；集体所有制职工高中的教育收益率为5.48%，中专为9.07%，大专为4.55%，大本为4.30%；私有制单位从业者高中的教育收益率为9.66%，中专为9.42%，大专为5.38%，大本为6.18%。因此，全民所有制和集体所有制单位，中专的个人收益率高于普通高中的个人收益率，但私有制单位中专的个人收益率与普通高中的个人收益率相差不大。①

李实和丁赛（2003）利用中国社会科学院经济研究所收入分配课题组获取的1995年城镇住户抽样调查数据和城市贫困课题组获取的1999年城镇住户抽样调查数据，运用明瑟收入函数进行OLS回归。研究发现，教育收益率随着学历的增加有着明显的递增趋势，学历越高，教育收益率也越高，随着时间的变迁，递增的幅度也越大。从中专、中技、职高与普通高中收益率的对比来看，在被调查的1990～1999年，中专、中技、职高的收益率始终高于普通高中。②

岳昌君（2004）利用国家统计局城市社会调查队每年度进行的“中国城镇住户调查”数据，运用明瑟收入函数进行回归，得出的结论基本上与李实和丁赛（2003）的结论一致，岳昌君得出的结论是，大学本科的年均教育收益率最高，为8.84%；其次为大学专科为6.24%；中专和高中的教育收益率相差无几，分别为5.40%和5.24%；初中教育收益率为3.74%。③

杜育红和孙志军（2003）利用赤峰市统计局在2002年8月实施的调查资料，分析了内蒙古赤峰市城镇地区劳动力的个人收益状况，该调查涵盖了该市7个区、县、旗的教育、收入等基本情况以及与职业经历有关的内容，运用明瑟收入方程回归，结果发现，赤峰市各级各类教育的收益率从高到低排列依次是：大专（16.9%或25.4%）、大学本科（15.7%）、中专（12.1%）、初中（8.4%）、高中（3%）和小学（参照组）。中专的教育收

① 陈晓宇、闵维方：《论中国高等教育的预期收益与劳动力市场化》，载于《教育研究》，1999年第1期。

② 李实、丁赛：《中国城镇教育收益率的长期变动趋势》，载于《中国社会科学》，2003年第6期。

③ 岳昌君：《教育对个人收入差异的影响》，载于《北大教育经济研究（电子版）》，2004年9月。

益率大大高于普通高中。①

夏晨（2004）在《教育边际收益率影响因素及其变化规律研究》中利用中国国家统计局每年度进行的城镇住户调查数据，分析了不同教育级别和经济发展水平的终身收入，运用明瑟收入函数进行线性回归，估算了不同教育级别和经济发展水平的教育收益率，研究发现中专的收益率高于普通高中的收益率。

三、职业教育收益率其他方面的研究

从已有文献来看，我国台湾学者李建兴（1978）是我国对职业技术教育成本与效益专题做探讨的第一人，遗憾的是他只对不同类别的中等职业教育的效益做对比分析，并未将中等职业教育与普通高中教育的效益对比。他分别采用了抽样调查法、纵贯研究法、逐步多元回归分析法、戴纳森阿尔华系数修正法以及投资效益分析法五种方法，对我国台湾地区职业技术教育毕业生的经济效益和非经济效益进行研究，样本为 296 名五年制技术专科学校、高级职业学校和高级中学附设职业科三类学校毕业生。得出的结论是各类技术职业教育的现值收益参差不等，内在收益率彼此不同，非经济效益分数差别明显。

2006 年吉利在《职业教育经济效能评价研究——以普通高中教育为参照系》中采用效能评价的思想来构建职业教育效能评价的研究框架，剥离义务教育对学生人力资本增长的贡献，即剥离中等职业教育“输入”差异对“输出”所带来的影响，客观地对职业教育经济效能进行了评价研究。通过实证分析和图形推演，得出的结论是，职业教育经济效能高于普通教育。

李兰兰（2007）将中等职业教育和普通高中教育的收益进行了对比分析。为了解读曾经存在的“普高热、职高冷”现象，首次提出中职路径和高中路径收益的概念，并设立模型对其进行探讨，研究结论是，最后学历为

① 杜育红、孙志军：《中国欠发达地区的教育、收入与劳动力市场经历——基于内蒙古赤峰市城镇地区的研究》，载于《管理世界》，2003 年第 9 期。

高中的就业者与最后学历为中职的就业者之间的个人收入并不存在显著性差异，但从中职路径和高中路径来看，不同性别、不同职业、不同工龄、不同年龄、不同行业、不同单位类别、不同地区的中职路径毕业生的个人收益显著低于高中路径毕业生的个人收益。在控制性别、就业地区、职业以及单位类别的条件下，高中路径与中职路径的就业者收入差异在 $p<0.001$ 的水平上显著，中职路径就业者比高中路径就业者收入低10.90%。遗憾的是该研究并未涉及中职和高中毕业生的个人非货币收益。

本章小结

综合上述的研究结论，笔者总结出有待进一步研究的问题：

1. 我国对于中等职业教育收益问题的实证研究显示中职收益大于高中收益，这一研究结论有助于解释20世纪90年代以前优秀初中毕业生竞相报考中专的现象。然而，1999～2004年伴随着高等教育大规模扩招，中等职业教育发展缓慢，具体体现在中职学校数逐年下降、中职在校生数占高中阶段在校生数逐年降低等。2005年以后，尽管政府加大对中职的投入力度，但中职学校并未摆脱困境，招生依旧困难，生源质量显著差于高中学生，在校生辍学率也逐年攀升。根据教育部发展规划司统计处在校生辍学率的计算公式，笔者计算了中等职业学校的辍学率（见表2.2）。1991年，我国中等专业学校的辍学率仅为0.14%，1999年升至1.12%，2005年中等职业学校（机构）达到2.03%，之后快速上升，2008年达到6.09%，2010年达到6.54%。与1991年中等专业学校在校生的辍学率相比，2010年中等职业学校在校生的辍学率是1991年的近50倍。这又作何解释？是不是与这两类教育的成本收益有关？值得深入探讨。

表2.2　　中等职业学校（机构）辍学率　　单位：%

年份	辍学率	年份	辍学率
1991	0.14*	2001	1.61*
1999	1.12*	2004	2.83

续表

年份	辍学率	年份	辍学率
2005	2. 03	2008	6. 09
2006	3. 14	2009	5. 93
2007	4. 94	2010	6. 54

注：标有＊的为中等专业学校数据；表中中等职业学校（机构）只包括普通中专、成人中专和职业高中，缺乏技工学校的数据。

2. 教育不仅能给受教育者带来货币收益，而且能给受教育者带来非货币收益。如果我们只分析教育的货币收益，不分析教育的非货币收益，这样必然会低估教育的收益，目前国内还没有研究者对中等职业教育的非货币收益问题进行研究，因此，很有必要作一探讨。

3. 目前我国缺乏中等职业教育成本与收益状况的系统研究。早在 20 世纪八九十年代，欧美及中东、北非国家和地区就开始了中等职业教育成本分担问题的系统研究，分别对学校模式和“学徒制”模式的中等职业教育成本在政府、企业和学生个人之间的分担状况进行了探索，受到了世界银行的关注。而我国对于中职成本分担问题的研究较为零散，提出“学生个人分担中职成本过高”这一观点也是建立在感性认识基础上的，缺乏实证研究。从中等职业教育收益方面的研究来看，我国学者对各级各类教育的收益研究较多，但将中等职业教育与普通高中的教育收益单独做对比则很少。尽管李兰兰（2010）曾对中等职业教育与普通高中教育的成本与收益作过研究，但使用的成本数据是 2006 年的在校学生数据，使用的收益数据为 2005 年就业人员的数据，这样分析成本收益有失偏颇。

因此，本书准备对湖南省 1993 年和 2002 年的中职毕业生和高中毕业生进行追踪调查，分析他们当年的求学成本和目前的收益状况，这样更有说服力。

第三章

中等职业教育成本分析

——与普通高中对比

第一节 理论基础

一、教育成本的概念

教育成本是从经济学中移植过来的范畴，传统观念把教育的支出看作是消费和福利，学校是以育人为目的的非营利性机构。因此，在教育中不存在成本范畴，学校也不进行成本核算。随着人们对教育观念的改变，把教育支出视为投资，在研究教育投资的经济效益时，开始涉及教育成本，于是将经济学中的成本引入教育领域，使用教育成本这一概念。[①] 研究教育成本有利

① 张学敏主编：《教育经济学》，重庆：西南师范大学出版社 2005 年版，第 184 页。

于提高教育资源的利用效益，有利于国家对教育部门的资金进行监督，有利于科学合理地确定政府、社会和个人分担教育成本的比例，有利于受教育者及其家庭作出正确的教育投资。

最早对教育成本作研究的是英国学者约翰·维泽（J. E. Vaizey）。1958年，他出版了名为《教育成本》的专著。该书虽以教育成本为名，但没有明确给出教育成本的定义，并且把教育经费等同于教育成本。1962年，他在《教育经济学》专著中进一步扩展了教育成本的内涵，主张不仅要计量教育的直接成本，而且要计量教育的间接成本。

1963年，舒尔茨出版《教育的经济价值》一书，提出了“教育的全要素成本”的概念。他认为，教育的全要素成本可分为两部分：第一部分是提供教育服务的成本，第二部分是学生上学期间的机会成本。第一部分成本包括教师、图书馆工作人员、学校管理人员的服务成本，维持学校运行耗费的要素成本，以及房屋、土地等的折旧、陈废及利息成本，但不能包括与教育服务无关的附属活动的成本，如学生食堂、住宿、运动队活动等项成本，也不能包括向学生提供的奖学金、补助等转移支付性质的支出。第二部分成本可用学生上学而放弃的收入来衡量。舒尔茨还明确地指出，教育经费与教育成本是两个不同的概念，教育经费是一个统计概念，包含了一些不属于教育成本的项目，同时又缺少了一些教育成本的项目。

美国教育经济学家科恩（E. Cohn）等人在其经典著作《教育经济学》中提出，从经济学的角度看，教育成本的概念以机会成本来表示最为恰当。由此，他们把教育成本分为两大类：直接成本（Direct Cost）和间接成本（Indirect Cost）。直接成本主要是教育机构提供教育服务的支出，但也有一部分是学生上学而发生的支出，如因上学而额外产生的食宿费、服装费、往返于家庭和学校之间的交通费以及书费、运动器械等学校用品费用。间接成本主要有：学生因上学而放弃的收入，学校享受的税款减免，用于教育的建筑物、土地等资产损失的利息或租金收入。其中“学校享受的税款减免”是指：学校提供教育服务会占用社会资源，而且也会取得一些收入，理应征收相应的税收，但由于学校是非营利性组织，而且政府鼓励教育事业的发展，因此各国政府都对学校有税收减免，这部分减免的税收可视为教育的间接成本。例如，我国颁布的《财政部、国家税务总局关于教育税收政策的通知》规定：对从事学历教育的学校提供教育劳务取得的收入免征营业税，对学校从事技术开发、技术转让业务和与之相关的技术咨询、技术服务业务取得的收入免征营业税，对国家拨付事业经费和企业办的各类学校、托儿所、幼儿园自用的房产、土地免征营业税、城镇土地使用税，对学校、幼儿园经批准征用的耕地免征占用税，等等。[①]

莱文（Henry M. Levin，1983）和曾满超（Mun C. Tsang，1988）认为，从经济分析的角度，教育投入成本（实际成本或经济成本）最合适的定义是它的机会成本，它可以通过在其他最佳使用状态下的价值来衡量。因此，教育的实际成本不仅包括公共教育经费，也包括私人成本。

盖浙生（1982）在其《教育经济学》中指出，教育活动是一种教育服务，教育成本分为教育生产者的成本和教育消费者的成本。教育生产者是公私立教育机构，教育消费者是学生。教育成本 = 教育生产者的成本（即直接成本，亦即公私立教育机构之费用支出）+ 教育消费者的成本（即间接成本，亦即机会成本）。

林文达（1984）认为，教育成本为生产教育场所投入资源的价值。生产教育场所投入的资源包括人力：师资、行政人员、学生；物力：建筑、设备、器材；空间：土地及建筑物结构；财力：预算所编制的货币支出等。

阎达五、王耕（1989）提出，教育成本是指教育过程中所耗费的物化劳动和活劳动的价值形式总和，从理论上说是指培养每名学生所耗费的全部费用。它包括：第一，有形成本，也叫直接成本，即在教育过程中直接培养学生、可以用货币计量和表现的劳动耗费。第二，无形成本，也称间接成本和机会成本，即进入劳动年龄的学生由于上学而为就业所放弃的收入。

王善迈（1996）认为，教育成本是用于培养学生所耗费的教育资源的价值，或者说是以货币形态表现的，培养学生由社会和受教育者个人或家庭直接或间接支付的全部费用。这一概念规定了只有用于培养学生所耗费的资

① 刘泽云：《教育经济学》，上海：华东师范大学出版社 2008 年版，第 50 页。

源才能构成教育成本，投入教育的各种资源，如果不是用于培养学生，而是用于其他目的，则不能构成教育成本。

袁连生（2000）提出了完整的、全面的教育成本的概念："教育成本的本质是为使受教育者接受教育服务而耗费的资源价值，它既可以表现为教育资源的购买价格，也可以表现为因资源用于教育所造成的价值损失。前者称为实支成本或货币成本，后者称为机会成本或间接成本。"①

刘泽云从"机会成本"的经济学含义角度分析袁连生教授将教育成本分为财务成本和机会成本有失欠妥，因为"机会成本"在经济学中的含义就是指所有的成本，因此提出将教育成本分为显性成本和隐性成本。显性成本包括学校显性成本（工资、公务费、业务费、修缮费、折旧费）和个人显性成本（学杂费、书费、文具和学习用品费、择校费、与学校教育有关的私人辅导费、生活差距费如额外的食宿费、交通费、衣着费等）。隐性成本包括公共隐性成本（学校拥有的房屋、建筑、土地等资本资产的租金、学校享受的税收减免、非资本投入的资金收益如利息、投资收益）和个人隐性成本（因上学放弃的收入、个人投入的资金所损失的收益如利息、投资收益）。②

二、学生个人教育成本的计算方法

（一）个人直接成本的计算

根据北京师范大学王善迈教授的研究，个人直接成本包括：学杂费；书本等学习用品费；学生往返学校的交通费；额外的吃、穿、住费用（指学生因就学在吃、穿方面多支出的费用和在校住宿费）；文娱体育费用（指学生因参加学校组织的文娱体育活动而支出的费用）。其中学杂费有政府规定的统一标准，学生在书籍文具费和文体费方面的支出依其经济状况而不相同，可通过抽样调查取得各级各类学校的平均支出数。生活差距费可用抽样调查法找

① 袁连生：《教育成本计量探讨》，载于《北京师范大学学报（人文社会科学版）》，2000年第1期。

② 刘泽云：《教育经济学》，上海：华东师范大学出版社2008年版，第52～53页。

出平均每年每生在衣、食、住、交通等方面的生活费支出，再减去同地区居民平均生活费支出计算出来。由于学生享受政府提供的助学金、奖学金，应计算出各级各类学校的学生助学金、奖学金，并从个人直接成本中扣除。

（二）个人间接成本的计算

个人间接成本是学生达到法定劳动年龄后因继续就学所放弃的就业收入，即个人教育机会成本。根据我国义务教育法和劳动法的规定，计算所放弃的收入应从 16 岁以上的中学生开始。影响学生所放弃收入的因素主要是就业概率和同龄劳动者的收入水平。①

目前，教育经济学中有关个体教育机会成本计量的方法主要有以下 3 种，其构造因素不一，计量方法上也具有一定的差异性。②

1. 沃尔什的计算方法。沃尔什在计算个体教育机会成本时，构建出如下模型：

$$Co = \sum_{i=1}^{n} [N_i/N \times P_i \times S_i \times (1+r)^{-i}]$$

其中，N_i 为毕业后第 i 年的人数，N 为毕业时原有人数，P_i 为第 i 年的就业率，S_i 为第 i 年的平均年收入，$(1+r)$ 为贴现因子，$(1+r)^{-i}$为第 i 年的贴现系数。某阶段的个体教育机会成本就是以上几个因素乘积的累计之和。如以 4 年大学本科教育为例，以高中毕业的当年为现在，则其第 1 年接受教育的机会成本是 $N_1/N \times P_1 \times S_1 \times (1+r)^{-1}$，第 2 年接受教育的机会成本是 $N_2/N \times P_2 \times S_2 \times (1+r)^{-2}$，第 3 年接受教育的机会成本是 $N_3/N \times P_3 \times S_3 \times (1+r)^{-3}$，第 4 年接受教育的机会成本是 $N_4/N \times P_4 \times S_4 \times (1+r)^{-4}$，所以，4 年个体平均教育机会成本就是 $N_1/N \times P_1 \times S_1 \times (1+r)^{-1} + N_2/N \times P_2 \times S_2 \times (1+r)^{-2} + N_3/N \times P_3 \times S_3 \times (1+r)^{-3} + N_4/N \times P_4 \times S_4 \times (1+r)^{-4}$。其意思是在考虑人寿风险的情况下，接受 4 年大学教育的机会成本是未接受大学教育的高中毕业生每人每年平均获得的经济收益与人寿风险和贴现因子

① 王善迈主编：《教育经济学简明教程》，北京：高等教育出版社 2000 年版，第 180～181 页。

② 贾云鹏：《平均个人教育机会成本计量模型探微》，载于《西华师范大学学报（哲学社会科学版）》，2010 年第 1 期。

乘积的累计之和。

2. 韩宗礼的计算方法。韩宗礼的计算方法如下：

$$Co = \sum_{i=1}^{n} \left[\sum_{j=1}^{m} (p_j \times a_j \times s_j) \right]_i$$

其中，p_j 为个体从事第 j 类职业的概率或就业率，a_j 为在第 j 类职业上所投入（受教育者所放弃）的工作时间，s_j 为第 j 类职业平均年收入。中括号$\left[\sum_{j=1}^{m} (p_j \times a_j \times s_j) \right]$里面表示第 i 年个体可能从事的各项职业累计相加，从而得到个体该年的平均收入。如果表示大学 4 年的个体教育机会成本，则 $i=4$，意味着把高中毕业后进入工作者 4 年各年平均收入进行累计相加，其和就是个体接受大学教育 4 年的平均个体教育机会成本。

3. 费希洛的计算方法。费希洛的个体教育机会成本的计算模型如下：

$$Co = [(Na \times a \times Sa) + (N\bar{a} \times \bar{a} \times S\bar{a})] \div (Na + N\bar{a})$$

其中 Na 是在农业部门从事就业的人数，$N\bar{a}$为在非农业部门就业的人数，a 为在农业部门工作的时间，$\bar{a}$为在非农业部门工作的时间，Sa 为在农业部门所得的年薪，$S\bar{a}$为在非农业部门所获得的年收入。其意为接受某类教育一年的个体教育机会成本，为同年毕业未接受这年教育的毕业生在农业部门和非农业部门的收入之和比上总数，即个体的平均年收入。

影响个体教育机会成本的因素是多种多样的。首先，除工龄、年龄和文凭之外还有地域、性别、个人素质甚至机遇等，其中有些是无法通过模型来加以计量的，因此，个体教育机会成本计量模型的构建也只是针对特定条件下某些因素间关系的构建，只能为人们了解个体教育机会成本做一个概括性的指导；其次，机会成本主体的确定应以造成者为依据，而非受教育者本人；最后，折算时间点的选择是相当关键，应确定一个明确固定的起点，对前后加以折算，否则，时间点的不确定，将造成贴现计算的混乱。①

三、本章的分析框架

教育经济学告诉我们，对于受教育者个人来说，影响其教育决策的因素

① 贾云鹏：《平均个人教育机会成本计量模型探微》，载于《西华师范大学学报（哲学社会科学版）》，2010 年第 1 期。

之一就是个人教育成本，公共教育成本对受教育者的教育决策影响极少，甚至基本上没有。例如对于一个初中毕业即将对高中阶段教育做出入学选择的学生来说，他或她对教育成本的考虑，主要是考虑以下两点：一是斟酌普通高中教育和中等职业教育这两种不同类型教育的学生本人、家庭、亲友为学生受教育直接支付的学杂费、书费、文具和学习用品费、择校费、与学校教育有关的私人辅导费、生活差距费，如额外的食宿费、交通费、衣着费等成本的差异；二是考虑达到法定年龄的学生因上学而未就业可能放弃的就业收入，但初中学生接受高中阶段的教育年限基本上为三年，如果不预期到上大学，高中阶段无论就读哪种类型的学校，所产生的个人间接教育成本是差不多的。

本节重点分析中职学生和高中学生的个人成本差异（包括个人直接成本和个人间接成本），而中职学生和高中学生均为初中毕业进一步接受教育的学生，学生年龄相同，学制基本相同（三年），其个人间接成本可以基本视为相同。因此，中职教育与高中教育个人成本的差异主要体现在个人直接成本的差异。个人的直接成本是指学生为了就学由个人或者家庭直接支付的各种费用，包括了个人及家庭为其接受教育而支付的一切费用。笔者将利用王善迈教授（2000）① 提出的个人直接成本的计算公式，分析中职学生和高中学生在接受高中阶段教育时产生的个人直接成本差异。

第二节

中等职业教育成本分析

——以1993届毕业生为例

一、数据来源

本节数据来源于李兰兰主持的2008年度国家社科基金全国教育科学

① 王善迈主编：《教育经济学简明教程》，北京：高等教育出版社2000年版，第180～181页。

“十一五”规划课题《中等职业教育与普通高中教育成本效益比较研究》的课题组对已经毕业的学生所做的问卷调查，基于学生毕业后分布在祖国的各个角落，因此本次调查采取毕业生追踪方式，主要通过电话访谈和电子邮件来获取信息。本次问卷调查的时间为 2008 年 9 月至 2009 年 10 月，调查对象是湖南省新邵县、醴陵市、邵阳市以及长沙市 6 所高中和 6 所中职学校 1993 届毕业生，调查共回收问卷 422 份。调查过程中，为了尽可能全面衡量高中毕业生的成本与收益情况，课题组考虑了样本县、市高中学校的差异性，在新邵县选取好、中、差的学校各一所（新邵县第一中学、新邵县第二中学、新邵县第三中学），在县级市醴陵市则选取好和差的高中各一所（醴陵市第一中学、醴陵市第八中学），另外，课题组还选取了一所省城高中。课题组对中职学校的选择也遵循这一原则，基于新邵县和醴陵市（县级市）只有一所公办的中等职业学校（新邵县职业中等专业学校、湖南省轻工业技工学校），故直接纳入调研。此外，课题组还选取了邵阳市（地级市）三所中等职业学校（邵阳市商业技工学校、邵阳市卫生中等专业学校、邵阳市中等师范学校）和一所省城中等职业学校（湖南省农业机械学校），共涵盖了师范、西医护理、电子电器、钳工、机械、会计 6 个专业。

在回收的 422 份问卷中，笔者首先剔除了含有不合乎常理等奇异值的样本，如工作年限超过 16 年的数据（因为所选样本为 1993 届毕业生，到被调查时间，就业者最多工作 16 年）、出生年月在 1979 年后的数据以及所填答案不属于问卷中备选答案的数据等；其次剔除存在盲点数据的样本。最终获得有效观测数据 334 个。

二、样本的基本特征[①]

（一）性别特征

从性别来看，男性样本多于女性样本，男性为 232 人，占总样本量的

① 本次问卷追踪调查不仅调查了毕业生当年的求学成本，而且调查了毕业生当前的个人货币收益和非货币收益。因此，本书中 1993 届毕业生样本的基本特征见本节。

69.46%，女性为102人，占30.54%；其中，大专和高职就业者中，男性样本基本与女性样本持平；中职就业者和高中就业者中，男性样本约为女性样本的2倍；但本科及以上学历就业者样本中，男性样本是女性样本数量的2.62倍（见表3.1）。

表3.1　　　　　　1993届毕业生样本的性别特征

类别	总计		中职就业者		高中就业者		大专和高职就业者		本科及本科以上学历就业者	
	频数	%	频数	%	频数	%	频数	%	频数	%
男性	232	69.46	37	59.81	39	66.10	44	54.32	102	72.34
女性	102	30.54	16	30.19	20	33.90	37	45.68	39	27.66
总计	334	100	53	100	59	100	81	100	141	100

（二）年龄特征

从年龄来看，占比例最大的样本年龄为37岁，达35.93%；其次为39岁，占20.06%；再次为38岁，达19.76%；比例最小的为40岁，占10.18%。结合受教育程度来看，高中就业者、大专和高职就业者、本科及本科以上学历就业者的年龄比例最大的为37岁，而中职就业者年龄比例最大的为39岁，占中职就业者总数的37.74%。针对这一奇怪的现象，笔者继续电话访谈，发现有很大一部分中职就业者是为了初中毕业后顺利升入中专，因而在初一或者初二期间留级了1~2年（见表3.2）。

表3.2　　　　　　1993届毕业生样本的年龄特征

类别	总计		中职就业者		高中就业者		大专和高职就业者		本科及本科以上学历就业者	
	频数	%	频数	%	频数	%	频数	%	频数	%
36	47	14.07	4	7.55	8	13.56	12	14.81	23	16.31
37	120	35.93	6	11.32	27	45.76	31	38.27	56	39.72
38	66	19.76	12	22.64	8	13.56	20	24.69	26	18.44

续表

类别	总计		中职就业者		高中就业者		大专和高职就业者		本科及本科以上学历就业者	
	频数	%	频数	%	频数	%	频数	%	频数	%
39	67	20.06	20	37.74	14	23.73	11	13.58	22	15.60
40	34	10.18	11	20.75	2	3.39	7	8.64	14	9.93
总计	334	100	53	100	59	100	81	100	141	100

（三）民族特征

从民族特征来看，少数民族样本所占的比例很低，不足2%，汉族所占的比例很高，高达98%以上（见表3.3）。

表3.3　　1993届毕业生样本的民族特征

类别	总计		中职就业者		高中就业者		大专和高职就业者		本科及本科以上学历就业者	
	频数	%	频数	%	频数	%	频数	%	频数	%
汉族	330	98.80	52	98.11	57	96.61	80	98.77	141	100
少数民族	4	1.20	1	1.89	2	3.39	1	2.23	0	0
总计	334	100	53	100	59	100	81	100	141	100

（四）工龄特征

从工龄特征来看，工龄为15年以上的样本占总样本量的59.58%，工龄为15年及以下的样本占总样本量的40.42%。从不同受教育程度来看，呈现出学历越高，工龄为15年及以下的比例也越高。中职就业者与高中就业者工龄为15年及以下的样本所占比重很低，只占5%左右，工龄为15年以上的样本量约占该受教育程度的样本量的95%；大专和高职就业者工龄为15年及以下的样本略低于15年以上的样本；本科及本科以上学历就业者工龄为15年及以下的样本高于15年以上的样本（见表3.4）。

表 3.4　　　　1993 届毕业生样本的工龄特征

类别	总计		中职就业者		高中就业者		大专和高职就业者		本科及本科以上学历就业者	
	频数	%	频数	%	频数	%	频数	%	频数	%
15 年及以下	135	40.42	2	3.77	3	5.08	38	46.91	92	65.25
15 年以上	199	59.58	51	96.23	56	94.92	43	53.09	49	34.75
总计	334	100	53	100	59	100	81	100	141	100

（五）职业特征

根据国务院人口普查办公室国家统计局人口和社会科技统计司编写的《中国人口普查资料》对职业的划分方法，笔者将问卷中的职业分为两类：第 1 类为各类专业技术人员（包括科学研究人员，工程技术人员和农林技术人员，科学技术管理人员和辅助人员，飞机和船舶技术人员，卫生技术人员，经济业务人员，法律工作人员，教学人员，文艺，体育工作人员，文化工作人员，宗教职业者）和国家机关党群组织、企事业单位负责人。第 2 类为办事人员和管理人员（行政办事人员，政治、保卫工作人员，邮电工作人员，其他办事人员和有关人员，无专业职称也无大学或中专文化程度的经济管理专业人员）、商业工作人员、服务性工作人员、农林牧渔劳动者、生产工人、运输工人和有关人员以及不便分类的其他劳动者。

从职业特征来看，第 1 类职业在样本中所占比重较大，达 63.47%，第 2 类职业只占 36.53%。从不同受教育程度来看，呈现出学历越高，职业为第 1 类的比例越大。大专和高职就业者、本科及本科以上学历就业者职业为第 1 类的比例分别为 62.96%、82.27%。中职就业者与高中就业者相比，中职就业者职业为第 1 类的比例远高于高中就业者，前者为 54.72%，后者仅为 27.12%（见表 3.5）。

表 3.5　　　　1993 届毕业生样本的职业特征

职业类别	总计		中职就业者		高中就业者		大专和高职就业者		本科及本科以上学历就业者	
	频数	%	频数	%	频数	%	频数	%	频数	%
第 1 类	212	63.47	29	54.72	16	27.12	51	62.96	116	82.27
第 2 类	122	36.53	24	45.28	43	72.88	30	37.04	25	17.73
总计	334	100	53	100	59	100	81	100	141	100

（六）居住地特征

从样本的居住地来看，居住在直辖市、省会城市和地级城市的为 204 人，占总样本量的 61.08%；居住在县级城市、镇或农村的为 130 人，占 38.92%；中职就业者与高中就业者相比，居住在直辖市、省会城市和地级城市的样本与居住在县级城市、镇或农村的样本数量差别并不大，但本科及本科以上学历就业者居住在直辖市、省会城市和地级城市的人数占该学历样本数量的 75.89%，呈现出学历越高，居住在直辖市、省会城市和地级城市的比例越大的趋势（见表 3.6）。

表 3.6　　　　1993 届毕业生样本的居住地特征

类别	总计		中职就业者		高中就业者		大专和高职就业者		本科及本科以上学历就业者	
	频数	%	频数	%	频数	%	频数	%	频数	%
直辖市、省会城市、地级城市	204	61.08	21	39.62	29	49.15	47	58.02	107	75.89
县、镇或农村	130	38.92	32	60.38	30	50.85	34	41.98	34	24.11
总计	334	100	53	100	59	100	81	100	141	100

（七）户口所在地特征

从户口所在地来看，直辖市、省会城市和地级城市的样本为 168 人，占总样本量的 50.30%；县或县级城市、镇或农村的为 166 人，占 49.70%；中职就业者与高中就业者相比，户口所在地在直辖市、省会城市和地级城市的样本与户口所在地在县级城市、镇或农村的样本数量差别并不大，但本科及本科以上学历就业者户口所在地在直辖市、省会城市和地级城市的人数占该学历样本数量的 72.34%，呈现出学历越高，户口所在地在直辖市、省会城市和地级城市的比例越大的趋势（见表 3.7）。

表 3.7　　1993 届毕业生样本的户口所在地特征

类别	总计		中职就业者		高中就业者		大专和高职就业者		本科及本科以上学历就业者	
	频数	%	频数	%	频数	%	频数	%	频数	%
直辖市、省会城市、地级城市	168	50.30	13	24.53	14	23.73	39	48.15	102	72.34
县、镇或农村	166	49.70	40	75.47	45	76.27	42	51.85	39	27.66
总计	334	100	53	100	59	100	81	100	141	100

三、中职学生个人直接成本分析

调查问卷不仅包括学杂费，住宿费，班费，书本文具学习资料费（含复印、打印），在校花费的生活费，校服费，为上学而花费的交通费，课外学习班（各类兴趣班/培训班等）学费及所需书本、文具或工具费和未列出的其他支出费用共 9 项，而且包括学生学费减免、书本费减免、奖学金、助学金、学生贷款等形式的资助。个人直接成本包括学费、杂费、书籍文具费、文体费、生活差距费等。其中学费、杂费、书籍文具费、文体费等费用通过直接调查可以得出，生活差距费相对来说较为复杂。根据北京师范大学王善迈教授（2000）的研究，生活差距费可用抽样调查法找出平均每年每生在衣、食、住、交通等方面的生活费支出，再减去同地区居民平均生活费支出计算出来。[①] 基于此，笔者先将被调查者的校服费、在校花费的生活费、住宿费和为上学而花费的交通费相加，再减去湖南省1991～1993年的平均居民生活费支出即可得到学生的生活差距费。由于学生享受政府提供的助学金、奖学金，所以在计算学生的个人直接成本时，应将学生助学金、奖学金等资助从个人直接成本中扣除。

因此，本书中，学生家庭的直接成本是指学杂费、住宿费，班费，书本文具学习资料费（含复印、打印），在校花费的生活费，校服费，为上学而花费的交通费，课外学习班（各类兴趣班/培训班等）学费及所需书本、文具或工具费和未列出的其他支出费用共9项费用之和，减去湖南省1991～1993年的平均居民生活费支出，再减去学生获得的学费减免、书本费减免、奖学金等资助，最终获得的数据为学生个人直接成本。

为了区分教育支出的不同特征，北京大学丁小浩教授（1998）在收益率课题研究中提出了"必需的家庭教育成本"和"自愿的家庭教育成本"的概念，"必需的家庭教育成本"是学生为接受教育而必须支付的，例如学杂费、书本费、文具费、校服费、为求学而支付的额外的食宿和交通费用等；"自愿的家庭教育成本"则是家庭为子女能够接受到更好的教育服务所付出的额外成本，例如择校费用、聘请家教的费用、参加各种开发智力的培训辅导班的费用、购置课外书籍的费用等。前者更好地反映了受教育者个人或家庭必须负担的教育成本，后者则反映了家庭对教育投资的意愿和努力程度。[②] 借鉴上述两个概念的划分方法，笔者将中职和高中学生的个人直接费用支出分为"必需的直接费用支出"和"自愿的直接费用支出"，这样有助于更全面、细致地理解中职和高中学生个人直接费用支出的实际情况。在此基础上，可以计算出中职、高中毕业生高中阶段年均个人直接成本。表3.8反映了1993届中职、高中毕业生高中阶段年均个人直接成本状况。

---

① 王善迈主编：《教育经济学简明教程》，北京：高等教育出版社2000年版，第180页、181页。

② 丁小浩：《教育的个人内部收益率的计算方法评析》，载于《教育与经济》，1998年第4期。

表 3.8　1993 届中职、高中毕业生高中阶段年均个人直接成本　单位：元

成本分类	项目		中职毕业生	高中毕业生
必需的直接费用支出	学杂费	均值	573.36	593.27
		标准差	59.88	86.40
		可观测数据	134	193
	班费	均值	36.67	24.87
		标准差	33.86	19.17
		可观测数据	132	196
	书本、文具、学习资料（含复印、打印）等费用	均值	75.36	112.31
		标准差	28.87	64.46
		可观测数据	134	127
	校服费	均值	31.26	41.08
		标准差	37.02	32.87
		可观测数据	134	167
	在校花费的生活费	均值	1016.67	951.87
		标准差	516.05	379.11
		可观测数据	130	137
	住宿费	均值	121.43	114.37
		标准差	56.69	52.83
		可观测数据	134	148
	为上学而花费的交通费	均值	123.84	107.28
		标准差	126.53	94.87
		可观测数据	132	64
	1991 年湖南省居民消费水平（元/年）		717 *	
	1992 年湖南省居民消费水平（元/年）		810 *	
	1993 年湖南省居民消费水平（元/年）		823 **	
	1991 ~ 1993 年湖南省居民消费水平均值（元/年）		783.3	
	小计		1198.59	1161.75
自愿的直接费用支出	课外学习班学费及书本等费	均值	68.18	116
		标准差	97.55	115.64
		可观测数据	132	40

续表

成本分类	项目		中职毕业生	高中毕业生
其他费用支出		均值	68.33	87.71
		标准差	120.07	72.20
		可观测数据	134	96
年均个人直接费用支出合计			1335.1	1365.46
奖学金		均值	125.02	—
		标准差	58.57	
		可观测数据	38	
助学金		均值	225	—
		标准差	190.92	
		可观测数据	125	
实习收入		均值	137.8	—
		标准差	95.61	
		可观测数据	96	
获得的资助合计			487.84	0
年均个人直接成本总计			847.26	1365.46

注：* 表示数据来源于《中国统计年鉴 1991》、《中国统计年鉴 1992》；** 表示数据来源于《湖南统计年鉴 1993》。

通过分析以上数据，我们发现：

1. 总的来说，1993 届中职毕业生高中阶段年均个人直接成本低于高中毕业生。中职毕业生的年均个人直接成本的均值为 847.26 元，而高中毕业生的均值为 1365.46 元。中职毕业生的年均个人直接成本为高中毕业生个人直接成本的 62.05%（见表 3.8）。

2. 从个人直接费用支出的性质来看，中职毕业生和高中毕业生年均“必需的直接费用支出”基本相当，但中职毕业生年均“自愿的直接费用支出”远低于高中毕业生。例如，中职毕业生年均“必需的直接费用支出”的均值为 1198.59 元，高中毕业生为 1161.75 元；中职毕业生年均“自愿的直接费用支出”的均值为 68.18 元，而高中毕业生却为 116 元。

3. 学生个人的直接成本中，中职毕业生年均学杂费的均值略低于高中毕业生年均学杂费的均值。中职毕业生年均学杂费约为 573.36 元，高中毕业生年均学杂费约为 593.27 元。课题组首先对数据进行正态分布检验，发现数据呈正态分布，因此，在此基础上进行 t 检验。t 检验的零**假设 H_0** 1993 届中职毕业生、高中毕业生的学杂费的总体均值等于零。t 检验结论显示，Pr（｜T｜＞｜t｜）为 0.54，接受零假设，故认为 1993 届中职毕业生和高中毕业生学杂费的总体均值不存在显著性差异（见表 3.9）。

表 3.9　　1993 届中职毕业生与高中毕业生学杂费 t 检验分析

变量	可观测数据	均值	t 值	显著性
中职	134	573.36	-0.62	0.54
高中	193	593.27		

4. 学生个人的直接成本中，中职毕业生年均住宿费的均值略高于高中毕业生年均住宿费的均值。中职毕业生年均住宿费约为 121.43 元，高中毕业生年均住宿费约为 114.37 元。课题组首先对数据进行正态分布检验，发现数据呈正态分布，因此，在此基础上进行 t 检验。t 检验的零**假设 H_0** 中职毕业生、高中毕业生的住宿费的总体均值等于零。t 检验结论显示，Pr（｜T｜＞｜t｜）为 0.74，接受零假设，故认为 1993 届中职毕业生和高中毕业生住宿费的总体均值不存在显著性差异（见表 3.10）。

表 3.10　　1993 届中职毕业生与高中毕业生住宿费 t 检验分析

变量	可观测数据	均值	t 值	显著性
中职	134	121.43	0.33	0.74
高中	148	114.37		

5. 学生个人的直接成本中，中职毕业生年均班费的均值略高于高中毕业生年均班费的均值。中职毕业生年均班费约为 36.67 元，高中毕业生年均班费约为 24.87 元。课题组首先对数据进行正态分布检验，发现数据呈正态分布，因此，在此基础上进行 t 检验。t 检验的零**假设 H_0** 中职毕业生、高中

毕业生的班费的总体均值等于零。t 检验结论显示，Pr(| T | > | t |) 为 0. 22，接受零假设，故认为 1993 届中职毕业生和高中毕业生班费的总体均值不存在显著性差异（见表 3. 11）。

表 3. 11　　1993 届中职毕业生与高中毕业生班费 t 检验分析

变量	可观测数据	均值	t 值	显著性
中职	132	36. 67	1. 26	0. 22
高中	196	24. 87		

6. 学生个人的直接成本中，中职毕业生年均书本、文具、学习资料（含复印、打印）等费用的均值略低于高中毕业生的均值。中职毕业生年均书本、文具、学习资料（含复印、打印）等费用的均值为 75. 36 元，而高中毕业生的均值为 112. 31 元。课题组首先对数据进行正态分布检验，发现数据呈正态分布，因此，在此基础上进行 t 检验。t 检验的零**假设 H_0** 中职毕业生、高中毕业生书本、文具、学习资料（含复印、打印）等费用的总体均值等于零。t 检验结论显示，Pr(| T | > | t |) 为 0. 27，接受零假设，故认为 1993 届中职毕业生和高中毕业生书本、文具、学习资料（含复印、打印）等费用的总体均值不存在显著性差异（见表 3. 12）。

表 3. 12　　1993 届中职毕业生与高中毕业生书本、文具费等 t 检验分析

变量	可观测数据	均值	t 值	显著性
中职	134	75. 36	-1. 13	0. 27
高中	127	112. 31		

7. 学生个人的直接成本中，中职毕业生年均在校花费的生活费的均值略高于高中毕业生年均在校花费的生活费的均值。中职毕业生年均在校花费的生活费约为 1016. 67 元，高中毕业生年均在校花费的生活费约为 951. 87 元。课题组首先对数据进行正态分布检验，发现数据呈正态分布，因此，在此基础

上进行 t 检验。t 检验的零中职毕业生、高中毕业生的生活费的总体均值等于零。t 检验结论显示，Pr(| T | > | t |) 为 0.58，接受零假设，故认为 1993 届中职毕业生和高中毕业生生活费的总体均值不存在显著性差异（见表 3.13）。

表 3.13　　1993 届中职毕业生与高中毕业生生活费 t 检验分析

变量	可观测数据	均值	t 值	显著性
中职	130	1016.67	0.55	0.58
高中	137	951.87		

8. 学生个人的直接成本中，中职毕业生年均为上学而花费的交通费的均值略高于高中毕业生年均为上学而花费的交通费的均值。中职毕业生年均为上学而花费的交通费约为 123.84 元，高中毕业生年均为上学而花费的交通费约为 107.28 元。课题组首先对数据进行正态分布检验，发现数据呈正态分布，因此，在此基础上进行 t 检验。t 检验的零**假设 H_0** 中职毕业生、高中毕业生为上学而花费的交通费的总体均值等于零。t 检验结论显示，Pr(| T | > | t |)为 0.60，接受零假设，故认为 1993 届中职毕业生和高中毕业生为上学而花费的交通费的总体均值不存在显著性差异（见表 3.14）。

表 3.14　　1993 届中职毕业生与高中毕业生为上学而花费的交通费 t 检验分析

变量	可观测数据	均值	t 值	显著性
中职	132	123.84	0.53	0.60
高中	64	107.28		

9. 中职毕业生年均课外学习班（各类兴趣班/培训班等）学费、所需书本、文具或工具等费用的均值略低于高中毕业生。中职毕业生年均课外学习班（各类兴趣班/培训班等）学费、所需书本、文具或工具等费用约为 68.18 元，高中毕业生年均课外学习班（各类兴趣班/培训班等）学费、所需书本、文具或工具等费用约为 116 元。课题组首先对数据进行正态分布检验，

发现数据呈正态分布，因此，在此基础上进行 t 检验。t 检验的零**假设 H_0** 中职毕业生、高中毕业生课外学习班（各类兴趣班/培训班等）学费、所需书本、文具或工具等费用的总体均值等于零。t 检验结论显示，Pr(|T| > |t|) 为 0.22，接受零假设，故认为 1993 届中职毕业生和高中毕业生课外学习班（各类兴趣班/培训班等）学费、所需书本、文具或工具等费用的总体均值不存在显著性差异（见表 3.15）。

表 3.15　1993 届中职毕业生与高中毕业生课外学习班费及书本费 t 检验分析

变量	可观测数据	均值	t 值	显著性
中职	132	68.18	-1.25	0.22
高中	40	116		

10. 中职毕业生年均在校期间所获得奖学金、助学金与高中学生存在显著性差异，中职毕业生年均在校期间获得奖学金的均值为 125.02 元，获得的助学金为 225 元，而高中毕业生在校期间没有奖学金和助学金。

11. 中职毕业生年均个人直接成本的均值低于高中毕业生年均个人直接成本的均值。中职毕业生年均个人直接成本约为 847.26 元，高中毕业生年均个人直接成本约为 1365.46 元。课题组首先对数据进行正态分布检验，发现数据呈正态分布，因此，在此基础上进行 t 检验。t 检验的零**假设 H_0** 中职毕业生、高中毕业生个人直接成本的总体均值等于零。t 检验结论显示，Pr(|T| > |t|) 为 0.05，拒绝零假设，故认为 1993 届中职毕业生和高中毕业生个人直接成本的总体均值存在显著性差异（见表 3.16）。也就是说，湖南省 1993 届中职毕业生所承担的个人直接成本显著低于同届高中毕业生。

表 3.16　1993 届中职毕业生与高中毕业生个人直接成本 t 检验分析

变量	可观测数据	均值	t 值	显著性
中职	130	847.26	0.46	0.05
高中	40	1365.46		

第三节

中等职业教育成本分析

——以 2002 届毕业生为例

上一节我们探讨了湖南省 1993 届中职毕业生与高中毕业生当年的求学成本状况，发现湖南省 1993 届中职毕业生的个人直接成本显著低于高中毕业生的个人直接成本。然而，为了满足人们对高等教育的需求，同时也为扩大教育消费，缓解就业压力，国务院立足于现代化建设的全局，作出了加快高等教育发展、扩大高校招生规模的重大决策。那么，扩招以后，中职毕业生与高中毕业生的求学成本又发生了怎样的变化？本节中，我们将对湖南省 2002 届中职毕业生和高中毕业生当年的求学成本做一深入的探讨。

一、数据来源

2010 年 9 月至 2011 年 4 月，课题组对湖南省新邵县、洞口县、常德市、株洲市以及长沙市 6 个高中学校和 7 所中职学校 2002 届毕业生发放问卷进行调研，调查的方式与对 1993 届毕业生调查的方式相同，也是采取毕业生追踪方式，通过电话访谈和电子邮件来获取信息。本次调研共获得回收问卷 322 份。调查过程中，为了尽可能全面衡量高中毕业生的收益情况，与 1993 届毕业生样本一样，我们考虑了样本县、市高中学校的差异性，在新邵县选取好、中、差的学校各一所（新邵县第一中学、新邵县第二中学、新邵县第三中学），在洞口县则选取好和差的高中各一所（洞口县第一中学、洞口县第四中学），常德市选取的是一所中等教学水平的高中（常德市第三中学）。本次调研选取的中专学校有新邵县职业中等专业学校、邵阳市商业技工学校、邵阳市卫生中等专业学校、邵阳市中等师范学校、株洲市第一职业中等专业学校以及湖南省农业机械学校，选取的职业高中学校有洞口县金石中学，共涵盖了师范、西医护理、电子电器、钳工、机械、会计、服装设计

7 个专业。

在回收的 322 份问卷中，笔者首先剔除了含有不合乎常理等奇异值的样本，如工作年限超过 10 年的数据（因为所选样本为 2002 届毕业生，到被调查时间，就业者最多工作 10 年）、出生年月在 1988 年后的数据以及所填答案不属于问卷中备选答案的数据等；其次，剔除存在盲点数据的样本。最终获得有效观测数据 253 个。

二、样本的基本特征

（一）性别特征

从性别来看，男性样本略多于女性样本，男性为 134 人，占总样本量的 52.96%，女性为 119 人，占 47.04%；其中，中职就业者、高中就业者、大专和高职就业者中，男性样本略小于女性样本；但本科及以上学历就业者样本中，男性样本是女性样本数量的 1.65 倍（见表 3.17）。

表 3.17　　2002 届毕业生样本的性别特征

类别	总计		中职就业者		高中就业者		大专和高职就业者		本科及本科以上学历就业者	
	频数	%	频数	%	频数	%	频数	%	频数	%
男性	134	52.96	30	46.88	8	44.44	25	43.86	71	62.28
女性	119	47.04	34	53.13	10	55.56	32	56.14	43	37.72
总计	253	100	64	100	18	100	57	100	114	100

（二）年龄特征

从年龄来看，中职就业者、高中就业者、大专和高职就业者中，年龄为 29 岁的样本比例最大；本科及本科以上学历就业者中，年龄为 28 岁的样本比例最大。与 1993 届样本不同的是，中职就业者与其他学历就业者的年龄没有表现出差距（见表 3.18）。

表 3.18　　　　　2002 届毕业生样本的年龄特征

类别	总计		中职就业者		高中就业者		大专和高职就业者		本科及本科以上学历就业者	
	频数	%	频数	%	频数	%	频数	%	频数	%
26	8	3.16	1	1.56	0	0	2	4.51	5	4.39
27	16	6.32	4	6.25	1	5.56	4	7.02	7	6.14
28	89	35.18	19	29.69	5	27.78	18	31.58	47	41.23
29	107	42.29	25	39.06	11	61.11	26	45.61	45	39.47
30 岁及以上	33	13.04	15	23.44	1	5.56	7	12.28	10	8.77
总计	253	100	64	100	18	100	57	100	114	100

（三）民族特征

从民族特征来看，少数民族样本所占的比例很低，约为 1%，汉族所占的比例很高，高达 99%（见表 3.19）。

表 3.19　　　　　2002 届毕业生样本的民族特征

类别	总计		中职就业者		高中就业者		大专和高职就业者		本科及本科以上学历就业者	
	频数	%	频数	%	频数	%	频数	%	频数	%
汉族	251	99.01	63	98.44	18	100	57	100	113	99.12
少数民族	2	0.99	1	1.56	0	0	0	0	1	0.88
总计	253	100	64	100	18	100	57	100	114	100

（四）工龄特征

从工龄特征来看，工龄为 7 年以上的样本占总样本量的 44.62%，工龄为 7 年及以下的样本占总样本量的 55.38%。从不同受教育程度来看，呈现出学历越高，工龄为 7 年及以下的比例也越高。中职就业者工龄为 7 年及以下的样本所占比重很低，不足 5%，工龄为 7 年以上的样本量占该受教育程度的样本量的 95.31%；高中就业者没有工龄为 7 年及以下的样本；大专和高职就业者工龄为7年及以下的样本略高于7年以上的样本；本科及本科以上学历就业者工龄为7年及以下的样本高于7年以上的样本，是它的6.125倍（见表3.20）。

表3.20　　2002届毕业生样本的工龄特征

类别	总计		中职就业者		高中就业者		大专和高职就业者		本科及本科以上学历就业者	
	频数	%	频数	%	频数	%	频数	%	频数	%
7年及以下	139	55.38	3	4.69	0	0	38	66.67	98	85.96
7年以上	114	44.62	61	95.31	18	100	19	32.33	16	14.04
总计	253	100	64	100	18	100	57	100	114	100

（五）职业特征

根据国务院人口普查办公室国家统计局人口和社会科技统计司编写的《中国人口普查资料》对职业的划分方法，笔者将问卷所涉及的职业分为两大类：第1类为各类专业技术人员（包括科学研究人员，工程技术人员和农林技术人员，科学技术管理人员和辅助人员，飞机和船舶技术人员，卫生技术人员，经济业务人员，法律工作人员，教学人员，文艺，体育工作人员，文化工作人员，宗教职业者）和国家机关党群组织、企事业单位负责人。第2类为办事人员和管理人员（行政办事人员，政治、保卫工作人员，邮电工作人员，其他办事人员和有关人员，无专业职称也无大学或中专文化程度的经济管理专业人员）、商业工作人员、服务性工作人员、农林牧渔劳动者、生产工人、运输工人和有关人员以及不便分类的其他劳动者。

从职业特征来看，第2类职业在样本中所占比重较大，达55.73%，第1类职业只占44.27%。从不同受教育程度来看，呈现出学历越高，职业为第1类的比例越大。大专和高职就业者、本科及本科以上学历就业者职业为第1类的比例分别为45.61%和59.65%。中职就业者与高中就业者相比，职业为第1类的比例差异不大（见表3.21）。

表 3.21　　2002 届毕业生样本的职业特征

职业类别	总计		中职就业者		高中就业者		大专和高职就业者		本科及本科以上学历就业者	
	频数	%	频数	%	频数	%	频数	%	频数	%
第 1 类	112	44.27	13	20.31	5	27.77	26	45.61	68	59.65
第 2 类	139	55.73	51	79.69	13	72.23	31	54.39	46	40.35
总计	253	100	64	100	18	100	57	100	114	100

（六）居住地特征

从样本的居住地来看，居住在直辖市、省会城市和地级城市的为 197 人，占 77.87%；居住在县级城市、镇或农村的为 56 人，占 22.13%；中职就业者与高中就业者相比，居住在直辖市、省会城市和地级城市的样本与居住在县级城市、镇或农村的样本数量差别并不大，但本科及以上学历就业者居住在直辖市、省会城市和地级城市的人数占该学历样本数量的 94.74%，呈现出学历越高，居住在直辖市、省会城市和地级城市的比例越大的趋势（见表 3.22）。

表 3.22　　2002 届毕业生样本的居住地特征

类别	总计		中职就业者		高中就业者		大专和高职就业者		本科及本科以上学历就业者	
	频数	%	频数	%	频数	%	频数	%	频数	%
直辖市、省会城市、地级城市	197	77.87	37	57.81	10	55.56	43	75.44	108	94.74
县、镇或农村	56	22.13	27	42.19	8	44.44	14	24.56	6	5.26
总计	253	100	64	100	18	100	57	100	114	100

（七）户口所在地特征

从户口所在地来看，直辖市、省会城市和地级城市的样本为 125 人，占

49.21%；县或县级城市、镇或农村的为128人，占50.79%；中职就业者与高中就业者相比，户口所在地在直辖市、省会城市和地级城市的样本与户口所在地在县级城市、镇或农村的样本数量差别并不大，但本科及以上学历就业者户口所在地在直辖市、省会城市和地级城市的人数占该学历样本数量的81.42%，呈现出学历越高，户口所在地在直辖市、省会城市和地级城市的比例越大的趋势（见表3.23）。

表3.23　2002届毕业生样本的户口所在地特征

类别	总计		中职就业者		高中就业者		大专和高职就业者		本科及本科以上学历就业者	
	频数	%	频数	%	频数	%	频数	%	频数	%
直辖市、省会城市、地级城市	125	49.21	5	7.81	3	16.67	24	42.11	92	81.42
县、镇或农村	128	50.79	59	92.19	15	83.33	33	57.89	21	18.58
总计	253	100	64	100	18	100	57	100	114	100

三、中职学生个人直接成本分析

（一）中职学生个人直接成本分析

本节沿用1993届样本的分析方法，将2002届中职和高中毕业生的个人直接费用支出分为“必需的直接费用支出”和“自愿的直接费用支出”，这样有助于更全面、细致地理解中职和高中毕业生个人直接费用支出的实际情况。在此基础上，可以计算出中职、高中毕业生高中阶段年均个人直接成本。表3.24反映了2002届中职、高中毕业生高中阶段年均个人直接成本状况。

表 3.24　　　2002 届中职、高中毕业生高中阶段年均个人直接成本

单位：元

成本分类	项目		中职毕业生	高中毕业生
必需的直接费用支出	学杂费	均值	2939.29	2349.57
		标准差	526.75	1232.94
		可观测数据	112	141
	班费	均值	98.30	63.90
		标准差	76.29	58.34
		可观测数据	112	141
	书本、文具、学习资料（含复印、打印）等费用	均值	185.53	264.89
		标准差	206.22	223.53
		可观测数据	112	141
	校服费	均值	213.16	102.49
		标准差	163.27	98.76
		可观测数据	112	141
	在校花费的生活费	均值	2465.18	1788.08
		标准差	1011.35	756.11
		可观测数据	112	141
	住宿费	均值	506.42	454.18
		标准差	146.63	259.33
		可观测数据	112	141
	为上学而花费的交通费	均值	368.57	254.18
		标准差	220.30	218.74
		可观测数据	112	141
	2000 年湖南省居民消费水平（元/年）		2723**	
	2001 年湖南省居民消费水平（元/年）		2845**	
	2002 年湖南省居民消费水平（元/年）		3013**	
	2000 ~ 2002 年湖南省居民消费水平均值（元/年）		2860.3	
	小计合计		3916.15	2416.99

续表

<table>
<tr><th>成本分类</th><th colspan="2">项目</th><th>中职毕业生</th><th>高中毕业生</th></tr>
<tr><td rowspan="3">自愿的直接费用支出</td><td rowspan="3">课外学习班学费及书本等费</td><td>均值</td><td>62.5</td><td>312.03</td></tr>
<tr><td>标准差</td><td>261.78</td><td>376.31</td></tr>
<tr><td>可观测数据</td><td>24</td><td>64</td></tr>
<tr><td colspan="2" rowspan="3">其他费用支出</td><td>均值</td><td>1025</td><td>479.09</td></tr>
<tr><td>标准差</td><td>1407.82</td><td>521.89</td></tr>
<tr><td>可观测数据</td><td>24</td><td>55</td></tr>
<tr><td colspan="3">年均个人直接费用支出</td><td>5003.65</td><td>3208.11</td></tr>
<tr><td colspan="2" rowspan="3">奖学金</td><td>均值</td><td>—</td><td>283.33</td></tr>
<tr><td>标准差</td><td>—</td><td>292.68</td></tr>
<tr><td>可观测数据</td><td>—</td><td>46</td></tr>
<tr><td colspan="3">获得的资助合计</td><td>—</td><td>283.33</td></tr>
<tr><td colspan="3">年均个人直接成本总计</td><td>5003.65</td><td>2924.78</td></tr>
</table>

注：** 表示数据来源于《湖南统计年鉴2000》、《湖南统计年鉴2001》、《湖南统计年鉴2002》。

通过分析以上数据，我们发现：

1. 总的来说，2002届中职毕业生高中阶段年均个人直接教育成本高于高中毕业生。中职毕业生的年均个人直接成本均值为5003.65元，而高中毕业生的均值为2924.78元。中职毕业生的个人直接成本为高中毕业生的171.08%（见表3.24）。

2. 从个人直接费用支出的性质来看，中职毕业生年均“必需的费用支出”高于高中毕业生，但中职毕业生年均“自愿的费用支出”远低于高中毕业生。例如，中职毕业生年均“必需的费用支出”的均值为3916.15元，高中毕业生为2416.99元；中职毕业生年均“自愿的费用支出”的均值为62.5元，高中毕业生为312.03元。

3. 学生个人的直接成本中，中职毕业生年均学杂费的均值高于高中毕业生年均学杂费的均值。中职毕业生年均学杂费约为2939.29元，高中毕业生年均学杂费约为2349.57元。课题组首先对数据进行正态分布检验，发现

数据呈正态分布，因此，在此基础上进行 t 检验。t 检验的零**假设 H_0** 2002 届中职毕业生、高中毕业生的学杂费的总体均值等于零。t 检验结论显示，Pr(|T|>|t|) 为 0.18，接受零假设，故认为 2002 届中职毕业生和高中毕业生学杂费的总体均值不存在显著性差异（见表 3.25）。

表 3.25　　2002 届中职毕业生与高中毕业生学杂费 t 检验分析

变量	可观测数据	均值	t 值	显著性
中职	112	2939.29	1.34	0.18
高中	141	2349.57		

4. 学生个人的直接成本中，中职毕业生年均住宿费的均值略高于高中毕业生年均住宿费的均值。中职毕业生年均住宿费约为 506.42 元，高中毕业生年均住宿费约为 454.18 元。课题组首先对数据进行正态分布检验，发现数据呈正态分布，因此，在此基础上进行 t 检验。t 检验的零**假设 H_0** 中职毕业生、高中毕业生的住宿费的总体均值等于零。t 检验结论显示，Pr(|T|>|t|) 为 0.056，接受零假设，故认为 2002 届中职毕业生和高中毕业生住宿费的总体均值不存在显著性差异（见表 3.26）。

表 3.26　　2002 届中职毕业生与高中毕业生住宿费 t 检验分析

变量	可观测数据	均值	t 值	显著性
中职	112	506.42	1.91	0.056
高中	141	454.18		

5. 学生个人的直接成本中，中职毕业生年均班费的均值略高于高中毕业生年均班费的均值。中职毕业生年均班费约为 98.30 元，高中毕业生年均班费约为 63.90 元。课题组首先对数据进行正态分布检验，发现数据呈正态分布，因此，在此基础上进行 t 检验。t 检验的零**假设 H_0** 中职毕业生、高中毕业生的班费的总体均值等于零。t 检验结论显示，Pr(|T|>|t|) 为 0.000，拒绝零假设，故认为 2002 届中职毕业生和高中毕业生班费的总体均

值存在显著性差异（见表 3.27）。因此，2002 届中职毕业生的班费显著高于同届高中毕业生的班费。

表 3.27　2002 届中职毕业生与高中毕业生班费 t 检验分析

变量	可观测数据	均值	t 值	显著性
中职	112	98.30	4.06	0.000
高中	141	63.90		

6. 学生个人的直接成本中，中职毕业生年均书本、文具、学习资料（含复印、打印）等费用的均值略低于高中毕业生的均值。中职毕业生年均书本、文具、学习资料（含复印、打印）等费用的均值为 185.53 元，而高中毕业生的均值为 264.89 元。课题组首先对数据进行正态分布检验，发现数据呈正态分布，因此，在此基础上进行 t 检验。t 检验的零**假设** H_0 中职毕业生、高中毕业生书本、文具、学习资料（含复印、打印）等费用的总体均值等于零。t 检验结论显示，Pr(|T| > |t|) 为 0.004，拒绝零假设，故认为 2002 届中职毕业生和高中毕业生书本、文具、学习资料（含复印、打印）等费用的总体均值存在显著性差异（见表 3.28）。因此，2002 届中职毕业生的书本、文具、学习资料（含复印、打印）等费用显著低于同届高中毕业生。

表 3.28　2002 届中职毕业生与高中毕业生书本、文具费等 t 检验分析

变量	可观测数据	均值	t 值	显著性
中职	134	185.53	-2.90	0.004
高中	127	264.89		

7. 学生个人的直接成本中，中职毕业生年均在校花费的生活费的均值高于高中毕业生年均在校花费的生活费的均值。中职毕业生年均在校花费的生活费约为 2465.18 元，高中毕业生年均在校花费的生活费约为 1788.08

元。课题组首先对数据进行正态分布检验，发现数据呈正态分布，因此，在此基础上进行 t 检验。t 检验的零**假设** $\mathbf{H_0}$ 中职毕业生、高中毕业生的生活费的总体均值等于零。t 检验结论显示，Pr(｜T｜>｜t｜) 为 0.000，拒绝零假设，故认为 2002 届中职毕业生和高中毕业生生活费的总体均值存在显著性差异（见表 3.29）。因此，2002 届中职毕业生当年在校花费的生活费显著高于同届高中毕业生。

表 3.29　　2002 届中职毕业生与高中毕业生生活费 t 检验分析

变量	可观测数据	均值	t 值	显著性
中职	112	2465.18	3.39	0.000
高中	141	1788.08		

8. 学生个人的直接成本中，中职毕业生年均为上学而花费的交通费的均值略高于高中毕业生年均为上学而花费的交通费的均值。中职毕业生年均为上学而花费的交通费约为 368.57 元，高中毕业生年均为上学而花费的交通费约为 254.18 元。课题组首先对数据进行正态分布检验，发现数据呈正态分布，因此，在此基础上进行 t 检验。t 检验的零**假设** $\mathbf{H_0}$ 中职毕业生、高中毕业生为上学而花费的交通费的总体均值等于零。t 检验结论显示，Pr(｜T｜>｜t｜) 为 0.000，拒绝零假设，故认为 2002 届中职毕业生和高中毕业生为上学而花费的交通费的总体均值存在显著性差异（见表 3.30）。因此，2002 届中职毕业生当年为上学而花费的交通费显著高于同届高中毕业生。

表 3.30　　2002 届中职毕业生与高中毕业生为上学而花费的交通费 t 检验分析

变量	可观测数据	均值	t 值	显著性
中职	112	368.57	4.12	0.000
高中	141	254.18		

9. 中职毕业生年均课外学习班（各类兴趣班/培训班等）学费、所需书本、文具或工具等费用的均值略低于高中毕业生。中职毕业生年均课外学习班（各类兴趣班/培训班等）学费、所需书本、文具或工具等费用约为62.5元，高中毕业生年均课外学习班（各类兴趣班/培训班等）学费、所需书本、文具或工具等费用约为312.31元。课题组首先对数据进行正态分布检验，发现数据呈正态分布，因此，在此基础上进行t检验。t检验的零**假设 H_0** 中职毕业生、高中毕业生课外学习班（各类兴趣班/培训班等）学费、所需书本、文具或工具等费用的总体均值等于零。t检验结论显示，Pr(|T| > |t|)为0.049，拒绝零假设，故认为2002届中职毕业生和高中毕业生课外学习班（各类兴趣班/培训班等）学费、所需书本、文具或工具等费用的总体均值存在显著性差异（见表3.31）。因此，2002届中职毕业生当年课外学习班（各类兴趣班/培训班等）学费、所需书本、文具或工具等费用显著低于同届高中毕业生。

表3.31　2002届中职毕业生与高中毕业生课外学习班费及书本费t检验分析

变量	可观测数据	均值	t值	显著性
中职	24	62.5	-1.97	0.049
高中	64	312.03		

10. 中职毕业生年均在校期间所获得奖学金与高中毕业生存在显著性差异，中职毕业生在校期间没有奖学金的数据，高中毕业生年均获得的奖学金为283.33元。

11. 无论是中职毕业生还是高中毕业生，在校期间所都没有助学金。

12. 中职毕业生年均个人直接成本的均值高于高中毕业生年均个人直接成本的均值。中职毕业生年均个人直接成本约为5003.65元，高中毕业生年均个人直接成本约为2924.78元。课题组首先对数据进行正态分布检验，发现数据呈正态分布，因此，在此基础上进行t检验。t检验的零**假设 H_0** 中职毕业生、高中毕业生个人直接成本的总体均值等于零。t检验结论显示，

Pr(|T| > |t|)为 0.000，拒绝零假设，故认为 2002 届中职毕业生和高中毕业生个人直接成本的总体均值存在显著性差异（见表 3.32）。

表 3.32　2002 届中职毕业生与高中毕业生个人直接成本 t 检验分析

变量	可观测数据	均值	t 值	显著性
中职	24	5003.65	4.49	0.000
高中	64	2924.78		

综上所述，就课题组所调查的湖南省 2002 届中职毕业生和高中毕业生样本来看，中职毕业生除了学杂费、住宿费与高中毕业生不存在显著性差异外，他们当年求学期间的班费、在校花费的生活费、为上学而花费的交通费都与同届高中毕业生当年支出的费用存在显著性差异，前者显著高于后者。中职毕业生与高中毕业生当年求学期间在书本、文具、学习资料（含复印、打印）等费用，课外学习班（各类兴趣班/培训班等）学费、所需书本、文具或工具等费用，获得的奖学金的数量方面亦存在显著性差异，前者显著低于后者。t 检验显示，湖南省 2002 届中职毕业生与高中毕业生年均个人直接成本存在显著性差异，前者显著高于后者。

第四节
中职个人直接成本与政府负担的成本分析

一、指标选择

全国教育经费来源包括国家财政性教育经费、民办学校中举办者投入、社会捐赠经费、事业收入及其他教育经费。

（一）国家财政性教育经费

包括国家财政预算内教育经费，各级政府征收用于教育的税、费，企业办学中的企业拨款，校办产业和社会服务收入用于教育的经费。

1. 国家财政预算内教育经费是指中央、地方各级财政或上级主管部门在本年度内安排，并划拨到各级各类学校、教育行政单位、教育事业单位，列入国家预算支出科目的教育经费。

国家财政预算内教育经费包括：教育事业费拨款；科研拨款；基本建设拨款；其他拨款。

2. 各级政府征收用于教育的税费是指中央和地方各级政府为发展教育事业而指定机关专门征收，并划拨给教育部门所用的实际数额。例如：教育费附加，地方教育附加，地方教育基金。教育费附加是指按照国家规定比例向缴纳增值税、营业税、消费税的单位和个人征收的教育费附加；地方教育附加是指地方各级政府根据《教育法》的有关规定，在征收教育费附加以外，开征的用于教育的税费。如地方政府按增值税、营业税、消费税的1%征收的用于教育的税费等；地方教育基金是指地方各级政府除预算内教育经费、教育费附加、地方教育附加以外的其他财政性经费拨款。如用于土地使用权出让金收入、能源建设基金收入、国有资源（资产）有偿使用收入等用于教育的拨款。

3. 企业办学中的企业拨款是指中央和地方所属企业在企业营业外资金列支或企业自有资金列支，并实际拨付所属学校的办学经费。

4. 校办产业和社会服务收入用于教育的经费是指学校举办的校办产业和各种经营取得的收益和投资收益中用于补充教育经费的部分。

（二）民办学校中举办者投入

民办学校中举办者投入是指办学的单位或公民个人拨给民办学校的办学经费。

（三）社会捐赠经费

社会捐赠经费是指境内外社会各界及个人对教育的资助和捐赠。

（四）事业收入

事业收入主要是指学杂费收入。

（五）其他教育经费

其他教育经费是指除上述各项收入以外的各项收入。

国家财政性教育经费中各级政府征收用于教育的税费基本上是用于义务教育，而且各省的支出用途也不尽相同，企业办学中的企业拨款的经费亦很难统计，因此学者们一般采用财政预算内教育经费支出这一指标反映政府对教育的投入状况。本章第二节和第三节探讨了湖南省1993届和2002届中职毕业生和高中毕业生当年的求学成本，反映了学生对接受教育成本的承担状况。基于此，课题组拟用生均预算内教育经费支出这一指标来反映政府对教育成本的承担数量，这样可以进行两个方面的对比分析：一方面，对比湖南省1993届和2002届中职毕业生和高中毕业生个人承担的成本和政府承担的成本差异。另一方面，将我国中职毕业生个人和政府承担的成本与国际进行对比，分析我国与其他国家的中职毕业生成本分担的差异。

二、比较分析

（一）中等职业教育生均预算内教育经费支出

从表3.33中可以看出，1991年，我国职业中学生均预算内教育经费支出最大的省（自治区、直辖市）为北京，达1121.02元，生均预算内教育经费支出最小的省（自治区、直辖市）为新疆维吾尔自治区，仅为267.10元，全国平均值为482.88元，湖南省职业中学生均预算内教育经费支出为597.20元，略高于全国平均值，高出114.32元。中等师范学校生均预算内教育经费支出最大的省（自治区、直辖市）为上海，达3465.95元，生均预算内教育经费支出最小的省（自治区、直辖市）为河南，仅为1107.04元，全国平均值为1586.51元，湖南省中等师范学校生均预算内教育经费支出为 1686. 56 元，略高于全国平均值，高出 100. 05 元。所以，1991 年，湖南省无论是职业中学还是中等师范学校，生均预算内教育经费支出都是位于全国的中等水平，略高于全国的平均值。

表 3. 33　　中等职业教育生均预算内教育经费支出　　单位：元

类别		地区	1991 年	地区	2000 年
职业中学		湖南	597. 20	湖南	1298. 46
	全国最大值	北京	1121. 02	西藏	4326. 32
	全国最小值	新疆维吾尔自治区	267. 10	安徽	536. 85
	全国平均值	—	482. 88	—	1400. 09
中等师范学校		湖南	1686. 56	湖南	1568. 59
	全国最大值	上海	3465. 95	北京	14319. 67
	全国最小值	河南	1107. 04	湖北	1274. 52
	全国平均值	—	1586. 51	—	2447. 18

资料来源：《中国教育经费统计年鉴 1992》、《中国教育经费统计年鉴 2001》。

2000 年，我国职业中学生均预算内教育经费支出最大的省（自治区、直辖市）为西藏，达 4326. 32 元，生均预算内教育经费支出最小的省（自治区、直辖市）为安徽，仅为 536. 85 元，全国平均值 1400. 09 元，湖南省职业中学生均预算内教育经费支出为 1298. 46 元，略低于全国平均值，低 101. 63 元。中等师范学校生均预算内教育经费支出最大的省（自治区、直辖市）为北京，达 14319. 67 元，生均预算内教育经费支出最小的省（自治区、直辖市）为湖北，仅为 1274. 52 元，全国平均值 2447. 18 元，湖南省中等师范学校生均预算内教育经费支出为 1568. 59 元，远低于全国平均值，低 878. 59 元。所以，2000 年，湖南省无论是职业中学还是中等师范学校，生均预算内教育经费支出均低于全国平均值，前者低 101. 63 元，后者低 878. 59 元。

（二）湖南省中等职业教育生均预算内教育经费支出与高等教育、高级中学对比分析

表3.34中可以看出，无论从绝对数还是从相对数来看，中等师范学校生均预算内教育经费支出均呈下降趋势。从绝对数来看，1991年，湖南省中等师范学校生均预算内教育经费支出为1686.56元，2000年，则下降为1568.59元，减少了117.97元。从相对数来看，1991年，中等师范学校生均预算内教育经费支出是普通高等学校生均预算内教育经费支出的53.74%，2000年，则下降到37.69%，下降了16.05个百分点。职业中学生均预算内教育经费支出呈现上升趋势，从绝对数来看，1991年，湖南省职业中学生均预算内教育经费支出为597.20元，2000年则为1298.46元，增加了701.26元。从相对数来看，1991年，职业中学生均预算内教育经费支出是普通高等学校生均预算内教育经费支出的19.03%，2000年，则为31.20%，上升了12.17个百分点。

表3.34　湖南省生均预算内教育经费支出　单位：元

序号	类别	1991年	2000年
①	中等师范学校	1686.56	1568.59
②	职业中学	597.20	1298.46
③	普通高等学校	3138.03	4162.26
④	高级中学	—	877.59
①/③（%）		53.74	37.69
①/④（%）		—	178.74
②/③（%）		19.03	31.20
②/④（%）		—	147.96

1999年以前，《中国教育经费统计年鉴》中高级中学与初级中学的预算内教育经费支出是统计在一起的，我们无法剥离两者的经费，但2000年，湖南省中等师范学校生均预算内教育经费支出为1568.59元，高级中学为877.59元，前者是后者的178.74%；职业中学生均预算内教育经费支出为

1298.46 元，是高级中学的 147.96%。根据国际标准测算，职业教育的成本应该是普通教育成本的 3 倍，由此可见，我国政府对职业教育的投入严重不足。

（三）中职个人直接成本与政府负担成本对比分析

在《中国教育经费统计年鉴》中，中等职业教育生均预算内教育经费支出涵盖两个部分：中等师范学校生均预算内教育经费支出和职业中学生均预算内教育经费支出。本章第二节和第三节的调查对象为湖南省 1993 届和 2002 届中职毕业生，在这些毕业生中，绝大部分为中等专业学校毕业的学生，职业中学毕业生只有一个班级，基于此，笔者将用中等师范学校的生均预算内教育经费作为政府负担的成本。表 3.35 告诉我们，1991 年，湖南省中职个人直接成本为 847.26 元，生均预算内教育经费支出为 1686.56 元，前者仅为后者的 50.24%；2000 年，湖南省中职个人直接成本为 5003.65 元，生均预算内教育经费支出却仅为 1568.59 元，显然个人负担的成本远高于政府负担的成本，前者则为后者的 318.99%。

表 3.35　湖南省中职个人直接成本与政府负担成本对比分析　单位：元

序号	类别	1991 年	2000 年
①	中职生均预算内教育经费	1686.56	1568.59
②	中职个人直接成本	847.26	5003.65
②/①（%）		50.24	318.99

（四）我国中职个人直接成本与国外的比较

表 2.1 是各国学者对高中阶段学校模式和“学徒制”模式职业教育成本分担的研究结果，研究时间为 1998～2005 年，大致对应于笔者所调查的 2002 届毕业生。从表 2.1 可以看出，奥地利、德国、土耳其、芬兰、法国、英国、爱尔兰、西班牙、荷兰、瑞典等国以及埃及、约旦、黎巴嫩、坦桑尼亚这些中东和北非国家中职成本的分担状况基本是：学校模式的中职教育，中央政府和地方政府负担了总成本的 90% 左右，学生家庭不用向学校缴纳

任何费用，仅仅负担少量的生活费、交通费等，所占比例不到总成本的10%。"学徒制"模式的中职教育，成本基本上由政府（包括中央政府和地方政府）和企业分担，分担的比例因国而异。因此，这些国家的中职成本在政府和个人之间的分担状况与我国的中职成本分担形成明显的对比，就中职教育成本的具体分担比例来看，我国中职学生个人直接成本占总成本的比例远远高于奥地利、德国、土耳其、芬兰、法国、英国、爱尔兰、西班牙、荷兰、瑞典等国以及埃及、约旦、黎巴嫩、坦桑尼亚这些中东和北非国家，政府负担的比例远低于上述国家。

本章小结

本章探讨了湖南省1993届和2002届中职毕业生、高中毕业生个人直接成本的绝对值和相对值。

1. 研究发现，就课题组所调查的湖南省1993届中职毕业生和高中毕业生样本来看，中职毕业生高中阶段年均个人直接成本低于高中毕业生。中职毕业生年均个人直接成本的均值为847.26元，而高中毕业生的均值为1365.46元。中职毕业生年均个人直接成本为高中毕业生年均个人直接成本的62.05%。

从个人直接费用支出的性质来看，中职毕业生和高中毕业生年均"必需的直接费用支出"基本相当，但中职毕业生年均"自愿的直接费用支出"远低于高中毕业生。中职毕业生年均"必需的直接费用支出"的均值为1198.59元，高中毕业生为1161.75元；中职毕业生年均"自愿的直接费用支出"的均值为68.18元，而高中毕业生却为116元。t检验显示，中职毕业生当年求学期间的学杂费、班费、书本、文具、学习资料（含复印、打印）等费用、校服费、在校花费的生活费、住宿费、为上学而花费的交通费、课外学习班（各类兴趣班/培训班等）学费、所需书本、文具或工具等费用与同届高中毕业生当年支出的费用不存在显著性差异。但中职毕业生与高中毕业生年均在求学期间获得的奖学金、助学金的数量存在显著性差异，前者显著高于后者。从而导致湖南省1993届中职毕业生与高中毕业生年均个人直接成本亦存在显著性差异，中职毕业生年均个人直接成本显著低于高中毕业生。

2. 就湖南省2002届中职毕业生和高中毕业生的样本来看，中职毕业生高中阶段年均个人直接成本高于高中毕业生。中职毕业生年均个人直接成本均值为5003.65元，而高中毕业生的均值仅为2924.78元。中职毕业生年均个人直接成本为高中毕业生的171.08%。

从个人直接费用支出的性质来看，中职毕业生年均“必需的直接费用支出”高于高中毕业生，但中职毕业生年均“自愿的直接费用支出”远低于高中毕业生。例如，中职毕业生年均“必需的直接费用支出”的均值为3916.12元，高中毕业生只为2416.99元；中职毕业生“自愿的直接费用支出”的均值为62.5元，高中毕业生为312.03元。

中职毕业生除了学杂费、住宿费与高中毕业生不存在显著性差异外，他们当年求学期间的班费、在校花费的生活费、为上学而花费的交通费都与同届高中毕业生当年支出的费用存在显著性差异，前者显著高于后者。中职毕业生与高中毕业生当年求学期间在书本、文具、学习资料（含复印、打印）等费用，课外学习班（各类兴趣班/培训班等）学费、所需书本、文具或工具等费用，获得的奖学金的数量方面亦存在显著性差异，前者显著低于后者。无论是中职毕业生还是高中毕业生，在校期间所都没有助学金。因而，湖南省2002届中职毕业生与高中毕业生年均个人直接成本存在显著性差异，前者显著高于后者，中职毕业生年均个人直接成本约为5003.65元，高中毕业生年均个人直接成本约为2924.78元。

3. 从中职成本分担的角度来看，就湖南省来说，1991年，湖南省中职个人直接成本为847.26元，生均预算内教育经费支出为1686.56元，显然个人负担的成本低于政府负担的成本，前者仅为后者的50.24%。2000年，湖南省中职个人直接成本为5003.65元，生均预算内教育经费支出却仅为1568.59元，个人负担的成本远高于政府负担的成本，前者则为后者的318.99%。

4. 从国际比较角度来看，奥地利（Michael Hortnagl，1998）、德国（Hummelsheim Stefan；Timmermann Dieter，2000）、土耳其（Mukesh Chaw-

la，2005）、芬兰（Pitkanen Kari，1999）、法国（Michelet Valerie，1998）、英国（Atkinson David，1999）、爱尔兰（Fox Roger；McGinn Kathy，2000）、西班牙（Oroval Esteve；Torres Teresa，2000）、荷兰（Romijn Clemens，1999）、瑞典（Andersson Ronnie，2000）等国以及埃及（The World Bank，2005）、约旦（The World Bank，2005）、黎巴嫩（The World Bank，2005）、坦桑尼亚（The World Bank，2005）这些中东和北非国家的中职成本分担状况是，无论是学校模式还是“学徒制”模式的中等职业教育，中职学生家庭不仅基本上不用缴纳任何费用，而且还能从政府获得补助金，学生家庭负担的直接成本不足中职总成本的 10%。国外学者对这一问题的研究时间刚好与笔者所追踪的 2002 届毕业生基本上属于同一时期，基于此，笔者选取 2002 届毕业生进行国际比较。通过比较我们发现，我国中职学生个人的直接成本远远高于上述的国家，政府负担的部分远远低于上述国家。

第四章

教育收益理论

第一节

教育收益的概念及分类

办教育虽然要花费一定的成本，但是，教育可以培养和提高劳动者的知识和技能，从而给个人和社会带来巨大的收益。教育的收益是教育通过培养和提高劳动者的知识和技能给个人和社会带来的种种有益效果。教育收益的分类大致有以下几种：

一、教育的私人收益和外部收益

根据谁从教育中获益，或者说根据获得教育收益的主体，可以把教育收益分为私人收益和外部收益。所谓私人收益（private benefits）是指教育者自身或其家庭成员从受教育者行为中获得的收益。譬如，平均来说大学毕业生的收入高于高中毕业生，提高的这部分收入就是教育的私人收益；又如父母的受教育程度越高，一般来说孩子的受教育程度也会越高，这也是教育的私人收益。而所谓外部收益（External Benefits）是指除受教育者及其家庭成员之外，其他社会成员从受教育行为中获得的收益。例如，某个劳动者的受教育水平提高后，不仅能为他自己带来更高的收入，而且能够为社会创造更多的价值，对国家的经济增长有所贡献，从而其他社会成员分享到了经济增长的好处；又如，小区里的某个居民教育水平较高，能够对其他居民养成良好的习惯产生正面影响（如不随地吐痰、不高声喧哗等）。

区分私人收益与外部收益的另一个视角是，个人在进行教育决策时是否把相关的收益考虑在内，考虑在内的那部分收益称为私人收益，而没有考虑在内的那部分收益成为外部收益。举一个简单的例子，一个高中毕业生在决定要不要上大学时，他通常会考虑到上大学之后可以学习更多的知识，可以收获丰富多彩的大学生活，可以找到更好的工作，等等。这些收益会影响他作出是否上大学的决策，因而是私人收益。反之，他不太可能为了国家的经济增长或提高社会的民主程度而决定上大学，因此教育的这些收益是外部收益。①

二、教育的市场化收益和非市场化收益

从教育收益产生的原因来看，可以把教育收益分为市场化收益（Market Benefits）和非市场化收益（Non-market Benefits）。所谓教育的市场化收益，是指教育水平较高的劳动者生产能力也较高，因而能够创造更大的经济价值，并在劳动力市场上获得更高的工资收入。而所谓教育的非市场化收益，是指个人把时间用于劳动力市场之外的活动（如休闲娱乐、家务劳动、社区活动等）而产生的收益。可见，市场化收益和非市场化收益的区别在于，前者是因为个人在劳动力市场上的生产活动而产生的收益，而后者是在劳动力市场生产活动之外的收益。②

刘泽云（2005）认为仅从收益主体和收益产生的原因两个纬度来分析

① 刘泽云：《教育经济学》，上海：华东师范大学出版社2008年版，第23页。
② 刘泽云：《教育经济学》，上海：华东师范大学出版社2008年版，第24页。

教育收益仍过于宽广，不容易把握。为此，提出在上述两个维度的基础上细分出四种类型的教育收益，具体分法见表 4. 1。

表 4. 1　　　　教育收益的分类

类别	收益主体	
	私人收益：受教育者本人及其家庭成员	外部收益：其他社会成员
市场化收益：劳动力市场上更高的生产能力	市场化私人收益	市场化外部收益
非市场化收益：劳动力市场之外的活动	非市场化私人收益	非市场化外部收益

资料来源：刘泽云：《教育经济学》，上海：华东师范大学出版社 2008 年版，第 25 页。

三、货币收益与非货币收益

教育不仅有货币收益，而且有巨大的非货币收益。教育的货币收益是指可以用金钱来衡量的教育收益。教育的非货币收益（也称为非金钱收益或精神收益）是指不能用金钱来衡量的教育收益。它可以是消费型（例如，个人在上大学期间的收益），也可以是投资型（在以后得到的种种收益）。[①]各国学者认为，从学生个人来看，接受高一级教育的个人不仅可以比接受低一级教育的个人获得更多的收入，而且可以获得更多的非货币收益。

教育的货币收益最直接的体现就是起薪、年收入和工资的提高。为了估计教育的货币收益，许多国内外学者进行了实证研究。卡恩和洛滋（Kane & Rouse，1995）使用 NLS72 数据对社区学院毕业生的研究表明，获得副学士学位的女性比女性高中毕业生的年收入高 31%，获得副学士学位的男性比男性高中毕业生的年收入高 26%。[②]

① ［美］埃尔查南·科恩、特雷·G·盖斯克：《教育经济学》，范元伟译，上海：上海人民出版社 2009 年版，第 108 页。

② Kane，T. J. & Rouse，C. E.. Labor-market retums to two-and four-year college. The American Economic Review，1995，85（3），pp. 600 – 614.

利用北京大学2005年高校毕业生调查数据，闵维方、丁小浩、文东茅、岳昌君发现在控制了学生基本情况、学业情况、求职情况、家庭情况、学校的基本情况及毕业生的就业情况后，学历层次对起薪仍具有显著的正向影响，学历越高收入就越多，本科生比专科生的收入高14%，研究生比本科生收入高32%。[①]

除了对起薪的分析，教育经济学家也关注职业教育的收益率。陈晓宇使用2004年中国城镇居民入户调查数据，分析了不同级别教育的收益率。研究显示大专教育的明瑟收益率高于中专，但是低于本科和研究生。我国高职、大专、大学专科教育的收益率分别为7.3%、13.8%和14.5%，而大学本科的收益率则达到了18.9%，研究生教育的收益率为17.4%。[②] 陈晓宇等总结了过去二十年中国城镇教育收益率的变化，他们发现各级教育收益率均随时间推移而显著的提高。大学专科的收益率从1991年的3.8%提高到2000年的9.97%。[③]

人力资本理论产生以来，国内外学者研究测量学校教育对个人和整个社会的直接货币收益（即所得和收入）较多，定量地估计出了各种不同级别的教育对于个人收入和经济增长的影响。相对于货币收益而言，学者们对教育的非货币收益研究较少，多数研究只是停留在对非货币收益的界定和列举非货币收益的种类上，因而缺乏足够的说服力。因此，鉴别和定量分析那些与教育相关的非货币收益和外部收益的任务仍非常艰巨。当然，造成对教育的非货币收益的关注却远远不够这种状况的原因是多方面的，其中就有非货币收益的价值难以定量估计的因素。尽管如此，我们必须重视，教育的非货币收益是非常巨大的，如果忽略了这些收益，将使我们无法全面地理解教育的经济价值，很难准确地估计“全部的”或“真实的”的教育投资回报，甚至会误导国家对相关政策的制定。

国外学者对非货币收益的研究体现在：

---

① 闵维方、丁小浩、文东茅、岳昌君：《2005年高校毕业生就业状况的调查分析》，载于《高等教育研究》，2006年1月第27卷第1期。

② 杨钋：《高等职业教育收益研究的现状与问题》，载于《中国职业技术教育》，2011年第36期。

③ 陈晓宇、陈良焜、夏晨：《20世纪90年代中国城镇教育收益率的变化与启示》，《北京大学教育评论》，2003年4月第1卷第2期。

1. 个人的教育水平影响劳动者的职业选择。由于接受更多教育，劳动者在择业时职业选择可能变得更宽，有更多合适的工作可以选择，因而更有可能找到令自己满意的工作。个人所受的教育水平越高，在选择职业时有更多的机会和竞争优势。

2. 受教育程度较高的人工作更为稳定，工作环境更为舒适，能获得更高的社会福利。受教育程度较高的劳动者在择业时有更大的选择范围，因而更有可能找到令自己满意的工作。当然，更满意的工作单位通常与更高的工资收入联系在一起，但有些收益并不体现为更高的工资收入，例如工作更稳定、工作环境更为舒适、更能实现个人的价值和理想、更高的社会地位，以及更高的福利（如社会保障、住房、班车接送、免费午餐）等。① 假设，一个博士研究生毕业之后可以选择高等学校、科研机构、政府部门、金融机构或企业就业，究竟选择哪个单位可以根据自己的性格特点，兴趣爱好来做出选择。但一个本科毕业生很难进入高等学校从事教学工作，也很难进入科研机构从事科研工作。因此，接受的教育越多，职业选择可能变得更宽，从而更有潜力改善工作条件（Duncan，1976）。②

3. 个人受教育水平影响劳动者的工作满意度。劳动者接受更多的教育，在择业时更能选择好的职业，受到他人的尊重，因而更有潜力提高工作满意度（Quinn & de Mandilovitch，1975）。③密尔和维勒斯（Meer，P. and Wielers，R，1996）就发现，受过良好教育的人在工作中被赋予更大的信任，受到的监控较少，提高了他们的工作满意度。④

4. 教育水平越高，无工作能力的比例越低。兰都（Lando，1975）发现，在考虑年龄因素后，教育水平越高，无工作能力的比例越低；无工作能力的种族差异大约4/5 可以被看作是因为种族之间的教育差异。兰都承认，

---

① 刘泽云：《教育经济学》，上海：华东师范大学出版社 2008 年版，第 33 ~ 34 页。

② ［美］埃尔查南·科恩等：《教育经济学》，范元伟译，上海：上海人民出版社 2009 年版，第 108 页。

③ Quinn，R. P. and de Mandilovitch，M. S. B. . Education and job satisfaction：A questionable pay-off. Ann arbor，MI；Survey research center，University of Michigan. 1975.

④ Meer，P. and Wielers，R. . Educational credentials and trust in the labour market. Kyklos，1996，49，pp. 29 –46.

这种关系部分是因为教育与职业选择之间的关系，也可能是对无能者的歧视。①

5. 个人的教育水平影响身体健康。高教育水平的人会搜集和学习健康方面的知识和信息，更加注意营养，能够自觉地减少不健康行为和增加有利于健康的行为，并且更有效地利用医疗手段。桑德尔（W. Sander）对美国的研究表明，大学文化程度的人吸烟的可能性大大低于未接受高等教育的人（见表4.2）。肯内尔（D. Kenkel，1991）对美国的研究发现，受教育程度越高的人选择了更健康的生活方式：在烟民中，教育水平较高的人每天吸烟的数量更少（多读一年书，男烟民每天少吸1.6支烟，女烟民每天少吸1.1支烟）。② 贝克尔（Becker，1964）指出，很多教育影响是通过职业产生的，因此，没有理由过分怀疑所发现的关于教育与健康之间的实证关系。奥克特（Orcutt，1977）等人指出，提高个人教育水平会降低死亡率。③

表4.2　　美国20岁以上成年人的吸烟比例　　单位：%

年份	高中以下	高中	大学
1966	36.5	41.1	33.7
1976	35.8	37.8	27.4
1987	35.7	33.1	16.3

资料来源：刘泽云：《教育经济学》，上海：华东师范大学出版社2008年版，第35页。

6. 个人的教育水平影响其生育子女的数目。劳动者的受教育水平越高，现有子女数越少。原因有三：第一，教育水平越高的夫妇对子女数量的需求越少，借用经济学的术语，称为教育水平的提高减少了对子女的偏好；第二，教育水平较高的夫妇能够更有效地使用避孕技术，避免计划之外的孩子

① Lando，M. E.. The interaction between health and education. Social Security Bulletin，1975，12，pp. 16－22.

② 刘泽云：《教育经济学》，上海：华东师范大学出版社2008年版，第35页。

③ ［美］埃尔查南·科恩等：《教育经济学》，范元伟译，上海：上海人民出版社2009年版，第109页。

出生。第三，教育程度较高的妇女初婚年龄较晚，缩短了生育旺盛期，减少了生育机会（见表4.3和表4.4）。①

表4.3　我国不同受教育程度居民的现有子女数和意愿生育子女数

单位：个

文化程度	现有子女数	有计划生育政策时的意愿生育子女数	无计划生育政策时的意愿生育子女数
文盲	2.76	2.51	2.70
小学	2.10	2.10	2.33
初中	1.50	1.75	1.99
高中/中专/技校	1.18	1.52	1.79
大专	0.82	1.40	1.72
大学本科及以上	0.79	1.40	1.72

资料来源：刘泽云：《教育经济学》，上海：华东师范大学出版社2008年版，第36～37页。

表4.4　我国不同文化程度妇女生育子女的数量　单位：个

年份 文化程度	1981	1986	1989
大学	1.13	1.10	1.06
高中	1.23	1.34	1.51
初中	1.44	1.41	1.58
小学	2.02	1.65	1.85
文盲	2.44	1.87	2.33

资料来源：刘泽云：《教育经济学》，上海：华东师范大学出版社2008年版，第38页。

7. 父母教育水平的提高有助于降低出生婴儿的性别比。出生性别比（每100名出生女婴对应的出生男婴数）与父母的教育水平有明显的相关性，即父母的教育水平（特别是母亲的教育水平）越高，出生性别比越低。

① 刘泽云：《教育经济学》，上海：华东师范大学出版社2008年版，第36、37页。

根据2003年进行的我国第三次国家卫生服务调查，文化程度为文盲半文盲、小学、初中、高中及以上的妇女在1998～2002年间出生婴儿的性别比分别为132.08、125.25、120.98、117.53。其原因主要有：第一，不同文化程度的年轻人对男孩的偏好存在差异，文化程度越高，选择男孩的比例越低。第二，父母的教育水平越高，生育子女的数量越少，而出生性别比随着出生孩子数量的增多而提高。①

8. 教育为整个劳动力市场提供了有效的信号反馈机制。斯彭斯认为，劳动者通过教育进行自我选择从而为市场提供了信息。因此，即使教育本身没有促进劳动生产率的作用，但它通过筛选、区分劳动者从而使得不同的劳动者和不同的工作岗位相匹配也可以促进劳动生产率，这就是教育作为社会筛选机制的“配置效应”。②

第二节 教育投资收益的实现机制

教育的确为个人、家庭和社会带来各种各样的收益，那么，教育是通过什么样的途径实现了这些收益呢？在这一问题上，经济学家和教育学家通常都把教育作为决定个人收入的重要因素之一，但对于教育决定个人收入的内在机制的理解却各不相同（曾满超，1997）。

一、人力资本理论

1960年，美国经济学家西奥多·W·舒尔茨在就任美国经济学会主席时，发表了题为“人力资本投资”的演说。人力资本概念才被正式纳入主流经济学，同时标志着人力资本理论的正式形成。舒尔茨指出：“人们获得

① 刘泽云：《教育经济学》，上海：华东师范大学出版社2008年版，第38页。

② 李锋亮、雷虹：《论教育的非货币收益和溢出效益》，载于《清华大学教育研究》，2007年第6期，第65～69页。

了有用的技能和知识，这些技能和知识是一种资本形态，这种资本在很大程度上是慎重投资的结果，在西方社会这种资本的增长远比传统资本（物质资本）要快得多。”他系统地研究了人力资本形成的方式和途径，并对教育投资的收益率以及教育对经济增长的贡献做了定量研究。由于他的杰出贡献，被誉为“人力资本之父”并荣获 1997 年诺贝尔经济学奖。美国经济学家雅各布·明塞尔则从收入分配领域进行同样的研究工作，他在博士论文《个人收入分配研究》中指出美国个人收入差别缩小的变化趋势，他认为其中原因是人们受教育水平的普遍提高，即人力资本投资的结果。他继博士论文完成后，又发表了《人力资本投资与个人收入分配》、《在职培训：成本，收益及意义》、《劳动收入分配：特别关于人力资本研究的一次调研》等文章。在这些文章中系统地论述了人力资本及人力资本投资与个人收入及其变化之间的关系，提出了人力资本投资收益模型。1962 年，美国经济学家肯尼斯·阿罗提出了“干中学”模型，把从事生产的人获得知识的过程内生于模型。他从普通的柯布—道格拉斯（Cobb - Douglas）生产函数，推导出一个规模收益递增的生产函数。并把其归结为学习过程和知识的外部效应。1964 年，美国经济学家加里·S·贝克尔在其著作《人力资本》中较为明确地阐述了人力资本概念，他认为“对于人力的投资是多方面的，其中主要是教育支出、保健支出、劳动力国内流动的支出或用于移民入境的支出等形成的人力资本”。贝克尔从家庭生产和个人资源，特别是时间分配角度系统论述了人力资本和人力资本投资问题。贝克尔对人力资本与个人收入分配的研究表明：人力资本投资水平或人力资本存量水平与个人收入水平为正相关的关系。贝克尔的研究为人力资本理论提供了微观研究基础，从而使人力资本研究更具科学性和可行性。

人力资本理论通过分析个人的投资行为来认识复杂的社会现象，从理论上成功地解释了经济增长和个人收入变化方面长期存在的疑惑，并成为各国制定教育政策和经济政策的重要依据。但是，人力资本理论的理论预期与经验事实和一些实证研究的结果不相符合，特别是在 20 世纪 70 年代，发达资本主义国家的教育扩展并未普遍地带来劳动生产率的提高、收入分配的更大平等和就业状况的改善，因而这一理论受到越来越多研究者的质疑。

二、筛选理论

筛选理论（Screening Theory）对教育与劳动生产率的关系提出新的假设，美国经济学家斯彭斯、阿罗、斯蒂格利茨和思罗等对这一理论作出了主要贡献。

20 世纪 70 年代初，美国经济学家提出的视教育为一种筛选装置，以帮助雇主识别不同能力的求职者，将他们安置到不同职业岗位上的理论。1973 年迈克尔·斯潘斯（Spence）发表的《筛选假设——就业市场信号》一文，系统地阐明了这一理论，成为该理论形成的标志。筛选理论首先对人力资本理论关于教育能提高劳动生产率的主张提出质疑，认为教育的作用主要不在于提高人的认知水平，而是对具有不同能力的人进行筛选。

筛选理论指出，雇主总是希望从众多的求职者中选拔有适当能力的人去填补空缺岗位。但是，当他与求职者在劳动力市场上相遇时，他并不了解这些人的能力如何，尽管他不能直接了解求职者的生产能力，却可以了解到求职者的一些看得见摸得着的个人属性和特点。一类是天生而不能改变的，如性别、种族、家族背景等。另一类是后天获得，可以改变的，如教育程度、婚姻状况、个人经历等。前一类被称作“标识”，后一类被称作“信号”。雇主可以凭借标识和信号，特别是教育信号了解求职者的能力。

教育之所以能起到这种信息作用，是因为一个人的能力与他获得信号所需花费的成本成反比。在其他因素相同的条件下，能力较高的人支付较低的成本就可以获得较高的教育水平，因而教育水平是反映个人能力大小的有效信号，是雇主鉴别求职者能力，对他们进行筛选并安置到不同岗位上的一种装置。一方面，由于教育水平反映了求职者的工作能力，雇主便对教育水平较高者支付较高的工资；另一方面，人们也可根据教育程度——工资等级表，了解不同程度的教育投资的私人收益，结合额外教育信号所需成本，做出适当的教育投资决定。

筛选理论认为，正是由于获得较高教育文凭便可获得较理想的职业岗位和优厚待遇，因而大大刺激了人们获得高等教育的欲望，导致了许多国家教育的过量发展。筛选理论描述和解释了20世纪70年代以来困扰许多国家的文凭膨胀问题，该理论也因此在世界各国得到了广泛传播；但该理论片面强调教育的信号筛选作用，否认教育提高人的认知技能进而提高劳动生产率作用的观点则是错误的。

三、劳动力市场分割理论

劳动力市场划分理论也是在20世纪70年代初期在美国出现的。该理论认为劳动力市场不是同一而是划分为不同部分的，教育是将人们分配到不同劳动力市场的重要手段。人力资本理论对教育的经济作用以及教育与工资关系的分析不确切、不全面，没有考虑劳动力市场的内部结构，忽视了劳动力市场是划分为不同部分的，在不同的部分中教育与工资的关系是不同的。劳动力市场划分理论的主要代表人物有皮奥里（Piore）、多林格（Doeringer）、戈登（Gordon）、爱德华兹（Edwards）、卡诺依（Carnoy）等。

劳动力市场划分理论采用制度经济学的观点，基于对美国劳动力市场的实证观察，指出劳动力市场由于种种制度性因素的影响而被划分为不同的部分。在劳动力市场的不同部分里，教育与工资有不同的关系。由于该理论的创立者们采用的分析方法和分析角度不同，因而对劳动力市场的具体划分也有所不同。归纳起来，主要有三种划分方法：主要劳动力市场和次要劳动力市场；高等教育程度的劳动力市场、垄断的劳动力市场和竞争的劳动力市场；内部劳动力市场和外部劳动力市场。这里主要以主要劳动力市场和次要劳动力市场来进行说明。主要劳动力市场提供的工作具有工资高、工作条件好、就业稳定、职业有保障、权利平等、晋升有机会、管理有程序等特点；次要劳动力市场提供的工作则往往是工资低、待遇差、就业不稳定、条件低劣、要求苛刻、晋升机会少的工作。两个市场之间具有相对的封闭性，它们之间的人员很少相互流动。劳动力市场划分理论认为，教育与个人收入以及与个人的生产能力并不相关，一个人的工资水平主要取决于他在哪一个劳动力市场工作，而这个人在哪一个劳动力市场工作又与他的诸如性别、年龄、种族及教育程度有显著的关系。一般来说，主要劳动力市场中雇佣男性、年纪较大的人、白人及教育水平较高的人的比例较高；而次要劳动力市场雇佣的女性、年轻人、有色人种及教育水平较低的人的比例较高。由此可见，教育只是决定一个人在哪一个劳动力市场工作的重要因素之一。对于人力资本理论所提出的教育与工资有显著的正相关的观点，劳动力市场划分理论认为这种提法只在主要劳动力市场中成立，而在次要劳动力市场中是不成立的。

劳动力市场划分理论揭示了教育在资本主义国家劳动力市场划分中的作用，解释了教育的扩展不能改变各阶层、集团间收入不平等的现实，但是，它对教育与经济关系的论述仍是不全面的。

四、社会化理论

社会化理论是一种认为教育的主要经济功能在于维护资本主义经济制度的生存和发展的激进理论。20 世纪 70 年代中期出现于西方国家。主要代表人物有鲍里斯（S. Bowles）和金梯斯（H. Gintis）。1976 年，鲍里斯和金梯斯合著的《资本主义美国的学校教育：教育改革与经济生活的矛盾》一书出版后，立即受到西方教育理论界的高度重视，在教育经济学、教育社会学和教育哲学领域均产生了强烈的反响，成了激进派经济学家和社会学家选读的教育经典著作。在该书中，他们采用西方新马克思主义的观点和方法，强调教育对维护资本主义经济制度所起的作用，认为教育与经济的关系是阶级矛盾关系的反映。社会化理论的基本观点是，教育的经济功能源于它的社会功能，而教育的社会功能，远比教育提高知识技能对经济的影响更重要。该理论强调，人力资本理论认为教育通过知识技能影响劳动生产率的观点是错误的。他们认为，在现代美国社会，实际上绝大部分工作只需要程度很低的知识技能，工人工作效率的高低主要取决于工人自身的非认知个性特征，而不取决于他们的认知水平，而教育是培养这些个性特征的重要手段。

他们进一步论证说，由于资本主义生产结构的等级化和分工化，不同的工作需要不同的个性特征的人。高等职业（如经理、高级行政管理人员等）工作岗位需要独立自主性、自尊心、对事物的怀疑态度及进取创新等个性特征；低等职业（如秘书、一般雇员等）工作岗位需要遵守时间、恭顺听话、遵守规章和盲目服从等个性特征。要使生产能顺利进行，需要有这样两种个性特征不同的人，这些特征是后天通过学校系统培养的。因此，教育的这种社会化功能又是一个个性"差异性"的社会化过程。一般来说，富裕家庭的子女有更多机会进入一流学校，培养出自尊、自重和富有创新进取精神的个性，毕业后能找到高等职业岗位。贫困家庭的子女往往在条件差的学校上学，养成遵守规章、盲目服从、接受权威的个性，以适应毕业后进入低等职业工作岗位的需要。就是说，学校教育为不同社会阶级的人培养不同的个性特征，以便他们将来能在不同的职业岗位上工作；不同社会经济背景的人，由于受到不同教育而养成不同个性特征。学校的经济价值主要就在于为不同阶级的人培养不同职业所需的不同个性特征，从而使资本主义经济机制能正常运转。

学校教育对不同社会阶级出身的学生的不平等待遇，反映了不平等的资本主义生产关系并且再生着这种不平等的生产关系，教育正是通过这种社会化过程为资本主义经济服务的。该理论指出，经济的不平等是社会不平等的根源，教育改革和教育扩展不能改变经济的不平等结构，要实现社会平等，就得改革经济制度。

社会化理论揭露了资本主义教育的阶级实质，但它对教育在整个社会经济发展中所起作用的论述仍带有片面性。

自20世纪70年代出现筛选理论、劳动力市场划分理论和社会化理论对人力资本理论构成挑战以后，伴随20世纪八九十年代世界经济的复苏和新经济的到来，以及人力资本理论的进一步发展和回归主流地位，西方教育经济学在理论上未再出现重大的突破，但随着时间的推移，经济社会发展中新问题的出现，一些分析新问题、修正旧观点、采用新方法的研究便相继出现，诸如关于信息技术与教育的关系、过度教育对生产率的影响、学校规模效益、教育成本及其分担、教育与劳动力市场和收入分配、教育财政、教育与经济全球化、教育与以信息为基础的新经济的关系等方面的研究，这些都使教育经济学在广度上、深度上又有了进一步的发展。

五、内生学习模型

到了20世纪80年代中期，采用简化法分析静态个人行为的人力资本理论和筛选理论进一步发展，采用整体法侧重动态结构性分析的劳动力市场分割理论、社会化理论和国家论逐渐成熟，注重微观生产结构和生产过程的隐性合同理论和竞争性交易理论也取得了一定进展，这些研究成果极大地丰富了教育经济学的理论体系。在一篇综述性文章中，布劳格满怀信心地描述出教育经济学的发展前景：如果把雇佣过程中的"统计判别法"（教育的信号作用）、内部劳动力市场观念（在职培训、效率工资、终生雇佣制等）、劳动力市场分割理论以及学习在灌输价值观方面的基本社会化功能结合起来，就能勾勒出教育的经济价值（Blaug，185）。然而，20 世纪 80 年代末期经济增长理论的突破性进展为探讨教育与收入的关系提供了全新的研究视角和理论基础，使得布劳格的这一乐观预言有可能成为明日黄花。以美国经济学家卢卡斯和罗默德研究为代表的内生经济增长理论业已证明，知识的生产、积累和扩散有助于揭示世界范围内的经济增长，而采取了包括人力资本在内的更宽泛的资本定义之后，不同国家之间的收入水平差异得到了较为满意的解释（罗默，1996）。

在传统的教育经济学分析中，知识技术作为劳动生产率的增长源泉是外生的，但在美国经济学家哈里斯建立的内生学习模型中，它们的生产、积累和扩散被置于生产过程之中进行分析（哈里斯，1995）。具备一定认知技能和创新能力的管理者和工人进入生产领域后，运用已有的知识技术组织生产，在这一过程中产生了新的知识技术，这些新的知识技术通过教育和培训扩散到整个生产领域，生产率就会增加。教育和培训在这一知识创新和技术变革的过程中是生产过程的一部分，而不是外部投入。因此，在物质资本一定的条件下，高教育水平的劳动力不仅可以生产出更多的产品，而且人力资本存量越大，劳动力就越有可能找到改进生产过程的途径，创造出更新更好的产品。

内生学习模型表明教育的经济收益不仅受到劳动者已有技术能力的影响，也和他们在经济组织内部的学习和创造能力以及组织本身不断创新的意愿有关。

第五章

中等职业教育个人货币收益分析

第一节

中等职业教育个人货币收益分析

——以1993届毕业生为例

本节分析1993届毕业生最后学历为中职、高中、高职、本科及以上学历就业者的个人货币收益，以下均简称为中职就业者、高中就业者、高职就业者、本科及以上学历就业者的个人货币收益。样本的基本特征见第三章第二节。

一、中职就业者、高中就业者、高职就业者、本科及以上学历就业者的个人货币收益分析

（一）受教育程度与个人收益

下面以收入为观测变量，以受教育程度为控制变量，采用单因素方差分

析法，分析不同受教育程度与个人收益的关系。

单因素方差分析的零**假设 H_0**在控制变量的不同水平下，各总体均值无显著性差异，即不同受教育程度的个人收入无显著性差异。

表 5.1 方差分析结果显示，F 值 9.799 对应的概率值为 0.000，小于显著性水平，拒绝零假设，认为受教育程度不同的个人收益存在显著性差异。

表 5.1　　1993 届毕业生个人收益与受教育程度的方差分析

差异源	平方和	自由度	均方	F 值	概率值
组间	6.555E10	3	2.185E10	9.799	0.000
组内	7.336E11	329	2.230E9		
总数	7.992E11	332			

为了更进一步分析中职、高中、高职、本科及以上学历四种不同学历就业者之间的个人收入差异，下面进行多重比较分析，见表 5.2。

表 5.2　　1993 届毕业生个人收益与受教育程度的多重比较

(I)	(J)	均值差（I-J）	显著性
中职	高中	15411.343*	0.047
中职	高职	-4541.785	0.589
中职	本科及以上学历	-22323.241*	0.004
高中	中职	-15411.343*	0.047
高中	高职	-19953.128*	0.014
高中	本科及以上学历	-37734.583*	0.000
高职	中职	4541.785	0.589
高职	高中	19953.128*	0.014
高职	本科及以上学历	-17781.455*	0.007
本科及以上学历	中职	22323.241*	0.004
本科及以上学历	高中	37734.583*	0.000
本科及以上学历	高职	17781.455*	0.007

注：* 均值差的显著性水平为 0.05。

通过表 5. 2 多重比较分析可以看出：中职就业者与高中就业者之间个人年收入存在显著性差异，前者比后者高 15411. 343 元；中职就业者与高职就业者之间个人年收入不存在显著性差异；但中职就业者和本科及以上学历的就业者之间个人年收入存在显著性差异，前者的收入比后者的收入要低 22323. 241 元。以上说明受教育程度越高，收入越高。

（二）不同受教育程度下的性别与个人收益

以收入为观测变量，以性别、受教育程度为控制变量，采用双因素方差分析法，分析不同受教育程度下的性别与个人收益的关系。

表 5. 3 方差分析结果显示，受教育程度该因素 F 值 9. 799 对应的概率值为 0. 000，小于显著性水平，拒绝零假设，认为受教育程度的差异对个人收益的作用显著。性别该因素 F 值 13. 549 对应的概率值为 0. 000，小于显著性水平，拒绝零假设，认为性别的差异对个人收益的作用显著。受教育程度与性别的交互作用 F 值 6. 529 对应的概率值为 0. 146，大于显著性水平，接受零假设，认为受教育程度与性别的交互作用对个人收益的作用不显著。

表 5. 3　1993 届毕业生高中、中职个人收益与性别的方差分析

差异源	自由度	F 值	概率值
性别	1	13. 549	0. 000
受教育程度	3	9. 799	0. 000
性别与受教育程度交互作用	3	6. 529	0. 146

接下来进行多重比较分析。表 5. 4 显示，无论是中职女性与高中女性之间、还是中职男性与高中男性之间，他（她）们的年收入存在显著性差异。中职女性比高中女性年收入高 23333. 33 元；中职男性比高中男性年收入高 22574. 693 元。但中职女性与大专和高职女性之间、高中男性与大专和高职男性之间年收入不存在显著性差异。而中职女性与本科及以上学历女性之间、中职男性与本科及以上学历男性之间的个人年收入亦存在显著的差异，他（她）们的年收入差异都是前者低于后者，分别低：24869. 555 元、28601. 023 元。这表明，中职就业者与大专和高职就业者个人年收入水平基本相当，但显著高于高中就业者，显著低于本科及以上学历就业者。

表 5.4　　1993 届毕业生性别与高中、中职个人收益的多重比较

(I)	(J)	均值差 (I-J)	显著性
中职女性	高中女性	23333.33*	0.048
中职男性	高中男性	22574.693*	0.042
中职女性	大专和高职女性	-3301.802	0.872
中职男性	大专和高职男性	-12834.980	0.191
中职女性	本科及以上学历女性	-24869.555*	0.036
中职男性	本科及以上学历男性	-28601.023*	0.001

注：* 均值差的显著性水平为 0.05。

（三）不同受教育程度下的工龄与个人收益

以收入为观测变量，以工龄、受教育程度为控制变量，采用双因素方差分析法，分析不同受教育程度下的工龄与个人收益的关系。

表 5.5 方差分析结果显示，受教育程度该因素 F 值 9.799 对应的概率值为 0.000，小于显著性水平，拒绝零假设，认为受教育程度的差异对个人收益的作用显著。工龄该因素 F 值 0.838 对应的概率值为 0.361，大于显著性水平，接受零假设，认为工龄的差异对个人收益的作用不显著。受教育程度与工龄的交互作用 F 值 5.225 对应的概率值为 0.823，大于显著性水平，接受零假设，认为受教育程度与工龄的交互作用对个人收益的作用不显著。

表 5.5　　1993 届毕业生高中、中职个人收益与工龄的方差分析

差异源	自由度	F 值	概率值
受教育程度	3	9.799	0.000
工龄	1	0.838	0.361
受教育程度与工龄的交互作用	3	5.225	0.823

接下来进行多重比较分析。表 5.6 显示，工龄为 15 年及以下的中职就业者与高中就业者之间、工龄为 15 年以上的中职就业者与高中就业者之间，他们的年收入存在显著性差异，前者比后者分别高 21152.396 元、

29465.591 元。而工龄为 15 年及以下的中职就业者与高职就业者之间，以及工龄为 15 年以上的中职就业者与高职就业者之间，年收入不存在显著性差异。另工龄为 15 年及以下的中职就业者与工龄为 15 年及以下的本科及以上学历就业者之间、工龄为 15 年以上的中职就业者与工龄为 15 年以上的本科及以上学历就业者年收入也具有显著性差异，前者比后者分别低 22786.960 元、35843.265 元。

表 5.6　　1993 届毕业生工龄与高中、中职个人收益的多重比较

(I)	(J)	均值差（I－J）	显著性
工龄为 15 年及以下的中职就业者收入	工龄为 15 年及以下的高中就业者收入	21152.396*	0.011
工龄为 15 年以上的中职就业者收入	工龄为 15 年以上的高中就业者收入	29465.591*	0.003
工龄为 15 年及以下的中职就业者收入	工龄为 15 年及以下的大专和高职就业者收入	－1864.211	0.854
工龄为 15 年以上的中职就业者收入	工龄为 15 年以上的大专和高职就业者收入	－6377.674	0.515
工龄为 15 年及以下的中职就业者收入	工龄为 15 年及以下的本科及以上学历就业者收入	－22786.960*	0.017
工龄为 15 年以上的中职就业者收入	工龄为 15 年以上的本科及以上学历就业者收入	－35843.265*	0.000

注：* 均值差的显著性水平为 0.05。

（四）不同受教育程度下的职业与个人收益

以收入为观测变量，以职业、受教育程度为控制变量，采用双因素方差分析法，分析不同受教育程度下的职业与个人收益的关系。

表 5.7 方差分析结果显示，受教育程度该因素 F 值 9.799 对应的概率值为 0.000，小于显著性水平，拒绝零假设，认为受教育程度的差异对个人收益的作用显著。职业该因素 F 值 5.744 对应的概率值为 0.017，小于显著性水平，拒绝零假设，认为职业的差异对个人收益的作用显著。受教育程度与

职业的交互作用 F 值 4. 430 对应的概率值为 0. 527，大于显著性水平，接受零假设，认为受教育程度与职业的交互作用对个人收益的作用不显著。

表 5. 7　　1993 届毕业生高中、中职个人收益与职业的方差分析

差异源	自由度	F 值	概率值
受教育程度	3	9. 799	0. 000
职业	2	5. 744	0. 017
受教育程度与职业的交互作用	5	4. 430	0. 527

接下来进行多重比较分析。表 5. 8 显示，职业为专业技术人员和国家机关党群组织、企事业单位负责人等的中职就业者与高中就业者之间、职业为办事人员和管理人员等的中职就业者和高中就业者之间、职业为商业工作人员等的中职就业者和高中就业者之间，年收入都存在显著性差异。前者比后者分别高 22578. 904 元、27649. 510 元、25087. 500 元。而职业为专业技术人员和国家机关党群组织、企事业单位负责人等的中职就业者与高职就业者之间、职业为办事人员和管理人员等的中职就业者和高职就业者之间、职业为商业工作人员等的中职就业者和高职就业者之间，年收入不存在显著性差异。但职业为专业技术人员和国家机关党群组织、企事业单位负责人等的中职就业者与本科及以上学历就业者之间，年收入差异显著，前者比后者年收入低 35243. 506 元；职业为商业工作人员等的中职就业者与本科及以上学历就业者之间，年收入差异亦显著，前者比后者年收入低 39571. 631 元；职业为办事人员和管理人员等的中职就业者与本科及以上学历就业者之间，年收入亦存在显著性差异，前者比后者年收入低 27235. 294 元。

表 5. 8　　1993 届毕业生职业与高中、中职个人收益的多重比较

(I)	(J)	均值差（I－J）	显著性
职业为专业技术人员等的中职就业者收入	职业为专业技术人员等的高中就业者收入	22578. 904*	0. 048
职业为办事人员等的中职就业者收入	职业为办事人员等的高中就业者收入	27649. 510*	0. 031

续表

(I)	(J)	均值差（I－J）	显著性
职业为商业工作人员等的中职就业者收入	职业为商业工作人员等的高中就业者收入	25087.500*	0.045
职业为专业技术人员等的中职就业者收入	职业为专业技术人员等的大专和高职就业者收入	－9631.239	0.348
职业为办事人员等的中职就业者收入	职业为办事人员等的大专和高职就业者收入	－8638.898	0.473
职业为商业工作人员等的中职就业者收入	职业为商业工作人员等的大专和高职就业者收入	－19275.000	0.135
职业为专业技术人员等的中职就业者收入	职业为专业技术人员等的本科及以上学历就业者收入	－35243.506*	0.004
职业为办事人员等的中职就业者收入	职业为办事人员等的本科及以上学历就业者收入	－27235.294*	0.033
职业为商业工作人员等的中职就业者收入	职业为商业工作人员等的本科及以上学历就业者收入	－39571.631*	0.000

注：* 均值差的显著性水平为0.05。

（五）不同受教育程度下的就业地区与个人收益

以收入为观测变量，以就业地区、受教育程度为控制变量，采用双因素方差分析法，分析不同受教育程度下的就业地区与个人收益的关系。

表5.9方差分析结果显示，受教育程度该因素F值9.799对应的概率值为0.000，小于显著性水平，拒绝零假设，认为受教育程度的差异对个人收益的作用显著。就业地区该因素F值42.783对应的概率值为0.000，小于显著性水平，拒绝零假设，认为就业地区的差异对个人收益的作用显著。受教育程度与就业地区的交互作用F值9.848对应的概率值为0.491，大于显著性水平，接受零假设，认为受教育程度与就业地区的交互作用对个人收益的作用不显著。

表 5.9 1993 届毕业生高中、中职个人收益与就业地区的方差分析

差异源	自由度	F 值	概率值
受教育程度	3	9.799	0.000
就业地区	1	42.783	0.000
受教育程度与就业地区的交互作用	3	9.848	0.491

接下来进行多重比较分析。表 5.10 显示，无论是在首都、省会或者地级城市就业的中职毕业生与在首都、省会或者地级城市就业的高中毕业生之间，还是在县城、镇或者农村就业的中职毕业生与在县城、镇或者农村就业的高中毕业生之间，他们的年收入存在显著性差异。在首都、省会或者地级城市就业的中职毕业生比在首都、省会或者地级城市就业的高中毕业生年收入高 28520.651 元；在县城、镇或者农村就业的中职毕业生比在县城、镇或者农村就业的高中毕业生年收入高 21655.172 元。而在首都、省会或者地级城市就业的中职毕业生与在首都、省会或者地级城市就业的高职毕业生之间，以及在县城、镇或者农村就业的中职毕业生与在县城、镇或者农村就业的高职毕业生之间，他们的年收入并不存在显著性差异。但在首都、省会或者地级城市就业的中职毕业生与在首都、省会或者地级城市就业的本科及以上学历毕业生之间，年收入存在显著性差异，前者比后者少 27289.720 元；在县城、镇或者农村就业的中职毕业生与在县城、镇或者农村就业的本科及以上学历毕业生之间，年收入也存在显著性差异，前者比后者少 39102.20 元。

表 5.10 1993 届毕业生就业地区与高中、中职个人收益的多重比较

(I)	(J)	均值差（I－J）	显著性
在首都、省会或者地级城市就业的中职毕业生收入	在首都、省会或者地级城市就业的高中毕业生收入	28520.651*	0.005
在县城、镇或者农村就业的中职毕业生收入	在县城、镇或者农村就业的高中毕业生收入	21655.172*	0.099
在首都、省会或者地级城市就业的中职毕业生收入	在首都、省会或者地级城市就业的高职毕业生收入	－9422.794	0.396

续表

(I)	(J)	均值差(I-J)	显著性
在县城、镇或者农村就业的中职毕业生收入	在县城、镇或者农村就业的高职毕业生收入	-8638.298	0.473
在首都、省会或者地级城市就业的中职毕业生收入	在首都、省会或者地级城市就业的本科及以上学历毕业生收入	-27289.720*	0.033
在县城、镇或者农村就业的中职毕业生收入	在县城、镇或者农村就业的本科及以上学历毕业生收入	-39102.20*	0.000

注：*均值差的显著性水平为0.05。

二、中职、高中路径货币收益分析

以上的研究结论告诉我们，最后学历为中职的就业者与最后学历为高中的就业者之间，个人收入差异显著，这在一定程度上解读了20世纪90年代以前普遍存在的“中专热”现象。针对我国高中阶段的两种不同类型，笔者接着探索这两种不同类型的毕业生的个人收益状况。

首先，笔者要阐述中职路径收益和高中路径收益这两个重要概念。出于研究的需要，首次提出这两个概念并对其加以界定。笔者认为，高中阶段只要学生就读于中等职业学校，我们称其选择的是中职教育路径，那么，选择中职教育路径的学生不管是直接就业还是升学后再就业所获得的收益，就称为中职路径收益；同样的，高中阶段只要学生就读于普通高中，我们称其选择的是高中教育路径，选择高中教育路径的学生不管是直接就业还是升学后再就业所获得的收益，就称为高中路径收益。

（一）数据处理说明

本节所使用的数据是在所截取1993届毕业生数据的基础上，根据被调查者就读的高中类型是属于中等职业学校还是普通高中进行分类来处理的。在上一节选取的样本中，笔者根据被调查者高中阶段就读于中等职业学校的学生不管其是直接就业还是继续升学后再就业都归类为中职教育路径；高中阶段就读于普通高中的学生不管其是直接就业还是继续升学后再就业都归类为高中教育路径。经过上述处理，获得有效观测数据334个，其中，中职路径的样本数为134，高中路径的为200个。

（二）中职、高中路径货币收益分析

1. 受教育程度与个人收益。下面以收入为观测变量，以高中类型为控制变量，采用单因素方差分析法，分析不同高中类型与个人收益的关系。

单因素方差分析的零**假设** H_0 在控制变量的不同水平下，各总体均值无显著性差异，即不同高中类型的个人收入无显著性差异。

表5.11方差分析结果显示，F值0.555对应的概率值为0.457，大于显著性水平，接受零假设，认为不同高中类型的就业者个人收益不存在显著性差异。

表5.11　　1993届毕业生中职、高中路径个人收益与高中类型的方差分析

差异源	平方和	自由度	均方	F值	概率值
组间	1.339E9	1	1.339E9	0.555	0.457
组内	7.978E11	331	2.410E9		
总数	7.992E11	332			

高中路径就业者的平均年收入为51500.00元，而中职路径就业者为47406.02元，高中路径就业者的平均年收入与中职路径就业者的平均年收入差别不大。见表5.12。

表5.12　　1993届毕业生中职、高中路径个人收益分析

类别	可观测数据	均值	标准差
中职路径	134	47406.02	43286.753
高中路径	200	51500.00	52596.119
总计	334	49864.86	49062.811

2. 不同高中类型条件下的性别与个人收益。以收入为观测变量，以性别、高中类型为控制变量，采用双因素方差分析法，分析不同高中类型条件下的性别与个人收益的关系。

表5.13方差分析结果显示，高中类型该因素F值0.555对应的概率值为0.457，大于显著性水平，接受零假设，认为高中类型的差异对个人收益的作用不显著。性别该因素F值13.549对应的概率值为0.000，小于显著性水平，拒绝零假设，认为性别的差异对个人收益的作用显著。高中类型与性别的交互作用F值4.561对应的概率值为0.604，大于显著性水平，接受零假设，认为高中类型与性别的交互作用对个人收益的作用不显著。

表5.13　　1993届毕业生中职、高中路径个人收益与性别的方差分析

差异源	自由度	F值	概率值
性别	1	13.549	0.000
高中类型	1	0.555	0.457
性别与高中类型的交互作用	1	4.561	0.604

接下来进行多重比较分析。表5.14显示，同性别之间，女性高中路径就业者和女性中职路径就业者之间、男性高中路径就业者与男性中职路径就业者之间年收入不存在显著性差异。但不同性别之间，高中路径就业者和中职路径就业者之间年收入存在显著性差异，男性普遍高于女性。女性高中路径就业者和男性中职路径就业者之间的年收入存在显著性差异，前者比后者年收入低18935.294元。而男性高中路径就业者与女性中职路径就业者之间年收入亦存在显著性差异，前者比后者年收入高22459.475元。

表5.14　　1993届毕业生性别与中职、高中路径个人收益的多重比较

(I)	(J)	均值差（I-J）	显著性
女性高中路径就业者收入	女性中职路径就业者收入	541.667	0.955
女性高中路径就业者收入	男性中职路径就业者收入	-18935.294*	0.025

续表

(I)	(J)	均值差（I－J）	显著性
男性高中路径就业者收入	女性中职路径就业者收入	22459.475*	0.005
男性高中路径就业者收入	男性中职路径就业者收入	2982.514	0.651

注：* 均值差的显著性水平为 0.05。

3. 不同高中类型条件下的工龄与个人收益。以收入为观测变量，以工龄、高中类型为控制变量，采用双因素方差分析法，分析不同高中类型条件下的工龄与个人收益的关系。

表 5.15 方差分析结果显示，高中类型该因素 F 值 0.555 对应的概率值为 0.457，大于显著性水平，接受零假设，认为高中类型的差异对个人收益的作用不显著。工龄该因素 F 值 0.838 对应的概率值为 0.361，大于显著性水平，接受零假设，认为工龄的差异对个人收益的作用不显著。高中类型与工龄的交互作用 F 值 0.329 对应的概率值为 0.805，大于显著性水平，接受零假设，认为高中类型与工龄的交互作用对个人收益的作用不显著。

表 5.15　　1993 届毕业生中职、高中路径个人收益与工龄的方差分析

差异源	自由度	F 值	概率值
高中类型	1	0.555	0.457
工龄	1	0.838	0.361
高中类型与工龄的交互作用	1	0.329	0.805

接下来进行多重比较分析。表 5.16 显示，中职路径就业者和高中路径就业者之间年收入不存在显著性差异。无论是工龄为 15 年及以下的中职路径就业者与工龄为 15 年及以下的高中路径就业者之间、工龄为 15 年及以下的中职路径就业者与工龄为 15 年以上的高中路径就业者之间、工龄为 15 年以上的中职路径就业者与工龄为 15 年及以下的高中路径就业者之间、还是工龄为 15 年以上的中职路径就业者与工龄为 15 年以上的高中路径就业者之间，年收入均不存在显著性差异。

表 5.16　1993 届毕业生工龄与中职、高中路径个人收益的多重比较

(I)	(J)	均值差（I－J）	显著性
工龄为 15 年及以下的高中路径就业者收入	工龄为 15 年及以下的中职路径就业者收入	415.254	0.975
工龄为 15 年及以下的高中路径就业者收入	工龄为 15 年以上的中职路径就业者收入	6205.853	0.334
工龄为 15 年以上的高中路径就业者收入	工龄为 15 年及以下的中职路径就业者收入	－3036.585	0.822
工龄为 15 年以上的高中路径就业者收入	工龄为 15 年以上的中职路径就业者收入	2754.013	0.698

4. 不同高中类型条件下的职业与个人收益。以收入为观测变量，以职业、高中类型为控制变量，采用双因素方差分析法，分析不同高中类型条件下的职业与个人收益的关系。

表 5.17 方差分析结果显示，高中类型该因素 F 值 0.555 对应的概率值为 0.457，大于显著性水平，接受零假设，认为高中类型的差异对个人收益的作用不显著。职业该因素 F 值 4.872 对应的概率值为 0.008，小于显著性水平，拒绝零假设，认为职业的差异对个人收益的作用显著。高中类型与职业的交互作用 F 值 3.231 对应的概率值为 0.782，大于显著性水平，接受零假设，认为高中类型与职业的交互作用对个人收益的作用不显著。

表 5.17　1993 届毕业生中职、高中路径个人收益与职业的方差分析

差异源	自由度	F 值	概率值
高中类型	1	0.555	0.457
职业	2	4.872	0.008
高中类型与职业的交互作用	2	3.231	0.782

接下来进行多重比较分析。表 5.18 显示，职业为商业工作人员等的中职路径就业者与职业为专业技术人员和国家机关党群组织、企事业单位负责人等的高中路径就业者之间，年收入存在显著性差异，前者比后者低

19671.651 元。表 5.19 样本数据中，职业为商业工作人员等的中职路径就业者仅占中职路径总样本量的 21.64%。除此之外，其他任何职业的中职路径就业者与其他任何职业的高中路径就业者之间年收入均不存在显著性差异。因此，总的来说，1993 届中职路径就业者与高中路径就业者的个人收益并不存在显著性差异。

表 5.18　1993 届毕业生职业与中职、高中路径个人收益的多重比较

(I)	(J)	均值差（I－J）	显著性
职业为专业技术人员等的高中路径就业者收入	职业为专业技术人员等的中职路径就业者收入	16459.682	0.132
职业为办事人员和管理人员等的高中路径就业者收入	职业为专业技术人员等的中职路径就业者收入	－269.837	0.982
职业为商业工作人员等的高中路径就业者收入	职业为专业技术人员等的中职路径就业者收入	－11054.646	0.145
职业为专业技术人员等的高中路径就业者收入	职业为办事人员和管理人员等的中职路径就业者收入	42496.212	0.135
职业为办事人员和管理人员等的高中路径就业者收入	职业为办事人员和管理人员等的中职路径就业者收入	25766.667	0.389
职业为商业工作人员等的高中路径就业者收入	职业为办事人员和管理人员等的中职路径就业者收入	14981.884	0.597
职业为专业技术人员等的高中路径就业者收入	职业为商业工作人员等的中职路径就业者收入	19671.651*	0.017
职业为办事人员和管理人员等的高中路径就业者收入	职业为商业工作人员等的中职路径就业者收入	2942.105	0.815
职业为商业工作人员等的高中路径就业者收入	职业为商业工作人员等的中职路径就业者收入	－7842.677	0.336

注：* 均值差的显著性水平为 0.05。

表 5.19　　1993 届毕业生样本的职业特征

类别	数量或百分比	中职路径	高中路径
职业为专业技术人员和国家机关党群组织、企事业单位负责人等	数量（个）	73	88
	百分比（%）	54.48	44
职业为办事人员和管理人员等	数量（个）	32	63
	百分比（%）	23.88	31.50
职业为商业工作人员等	数量（个）	29	49
	百分比（%）	21.64	24.50
合计	数量（个）	134	200
	百分比（%）	100	100

5. 不同高中类型条件下的就业地区与个人收益。以收入为观测变量，以就业地区、高中类型为控制变量，采用双因素方差分析法，分析不同高中类型条件下的就业地区与个人收益的关系。

表 5.20 方差分析结果显示，高中类型该因素 F 值 0.555 对应的概率值为 0.457，大于显著性水平，接受零假设，认为高中类型的差异对个人收益的作用不显著。就业地区该因素 F 值 42.783 对应的概率值为 0.000，小于显著性水平，拒绝零假设，认为就业地区的差异对个人收益的作用显著。高中类型与就业地区的交互作用 F 值 14.211 对应的概率值为 0.631，大于显著性水平，接受零假设，认为高中类型与就业地区的交互作用对个人收益的作用不显著。

表 5.20　　1993 届毕业生中职、高中路径个人收益与就业地区的方差分析

差异源	自由度	F 值	概率值
高中类型	1	0.555	0.457
就业地区	1	42.783	0.000
高中类型与就业地区的交互作用	1	14.211	0.631

接下来进行多重比较分析。表 5.21 显示，无论是在首都、省会或者地

级城市就业的中职路径就业者与在首都、省会或者地级城市就业的高中路径就业者之间，还是在县城、镇或者农村就业的中职路径就业者与在县城、镇或者农村就业的高中路径就业者之间，他们的年收入不存在显著性差异。但在县城、镇或者农村就业的中职路径就业者与在首都、省会或者地级城市就业的高中路径就业者之间，年收入存在显著性差异，前者比后者低33637.843元。在首都、省会或者地级城市就业的中职路径就业者比在县城、镇或者农村就业的高中路径就业者年收入高33748.792元。表5.22样本数据中，在首都、省会或者地级城市就业的中职路径就业者占中职路径样本量的54.48%，而此类型的高中路径就业者占高中路径样本量的65.50%。在县城、镇或者农村就业的中职路径就业者占中职路径样本量的45.52%，而此类型的高中就业者占高中路径样本量的34.50%，两者差别不大。

表5.21　1993届毕业生就业地区与中职、高中路径个人收益的多重比较

(I)	(J)	均值差（I－J）	显著性
在首都、省会或者地级城市就业的高中路径就业者收入	在首都、省会或者地级城市就业的中职路径就业者收入	1575.912	0.817
在首都、省会或者地级城市就业的高中路径就业者收入	在县城、镇或者农村就业的中职路径就业者收入	33637.843*	0.000
在县城、镇或者农村就业的高中路径就业者收入	在首都、省会或者地级城市就业的中职路径就业者收入	－33748.792*	0.000
在县城、镇或者农村就业的高中路径就业者收入	在县城、镇或者农村就业的中职路径就业者收入	－1686.861	0.836

注：*均值差的显著性水平为0.05。

表5.22　1993届毕业生样本的就业地区特征

类别	数量或百分比	中职路径	高中路径
在首都、省会或者地级城市就业	数量（个）	73	131
	百分比（%）	54.48	65.50

续表

类别	数量或百分比	中职路径	高中路径
在县城、镇或者农村就业	数量（个）	61	69
	百分比（%）	45.52	34.50
合计	数量（个）	134	200
	百分比（%）	100	100

6. 不同高中类型条件下的户口所在地与个人收益。以收入为观测变量，以户口所在地、高中类型为控制变量，采用双因素方差分析法，分析不同高中类型条件下的户口所在地与个人收益的关系。

表5.23方差分析结果显示，高中类型该因素F值0.555对应的概率值为0.457，大于显著性水平，接受零假设，认为高中类型的差异对个人收益的作用不显著。户口所在地该因素F值30.313对应的概率值为0.000，小于显著性水平，拒绝零假设，认为户口所在地的差异对个人收益的作用显著。高中类型与户口所在地的交互作用F值10.182对应的概率值为0.589，大于显著性水平，接受零假设，认为高中类型与户口所在地的交互作用对个人收益的作用不显著。

表5.23　　1993届毕业生中职、高中路径个人收益与户口所在地的方差分析

差异源	自由度	F值	概率值
高中类型	1	0.555	0.457
户口所在地	1	30.313	0.000
高中类型与户口所在地的交互作用	1	10.182	0.589

接下来进行多重比较分析。表5.24显示，户口在县城、镇或者农村的中职路径就业者与户口在首都、省会或者地级城市的高中路径就业者之间，年收入存在显著性差异，前者比后者低29123.874元。而户口在首都、省会或者地级城市的中职路径就业者与户口在县城、镇或者农村的高中路径就业

者之间年收入亦存在显著性差异，前者比后高 26168.202 元。但是，不论是户口在首都、省会或者地级城市的中职路径就业者与户口在首都、省会或者地级城市的高中路径就业者之间，还是户口在县城、镇或者农村的中职路径就业者与户口在县城、镇或者农村的高中路径就业者之间，个人年收入都不存在显著性差异。表 5.25 样本数据中，户口在首都、省会或者地级城市的中职路径就业者占中职路径样本量的 44.78%，而此类型的高中就业者占高中路径样本量的 54%。在县城、镇或者农村的中职路径就业者占中职路径样本量的 55.22%，而此类型的高中就业者占高中路径样本量的 46%。这两类样本中，户口所在地在首都、省会或者地级城市的人数比例基本持平，在县城、镇或者农村的人数比例也基本持平。

表 5.24　　1993 届毕业生户口所在地与中职、高中路径个人收益的多重比较

(I)	(J)	均值差（I－J）	显著性
户口在首都、省会或者地级城市的高中路径就业者收入	户口在首都、省会或者地级城市的中职路径就业者收入	4447.740	0.560
户口在首都、省会或者地级城市的高中路径就业者收入	户口在县城、镇或者农村的中职路径就业者收入	29123.874*	0.000
户口在县城、镇或者农村的高中路径就业者收入	户口在首都、省会或者地级城市的中职路径就业者收入	－26168.202*	0.001
户口在县城、镇或者农村的高中路径就业者收入	户口在县城、镇或者农村的中职路径就业者收入	－1492.068	0.840

注：＊均值差的显著性水平为 0.05。

表 5.25　　1993 届毕业生样本的户口所在地特征

类别	数量或百分比	中职路径	高中路径
户口在首都、省会或者地级城市	数量（个）	60	108
	百分比（%）	44.78	54
户口在县城、镇或者农村	数量（个）	74	92
	百分比（%）	55.22	46

续表

类别	数量或百分比	中职路径	高中路径
合计	数量（个）	134	200
	百分比（%）	100	100

第二节

中等职业教育个人货币收益分析

——以2002届毕业生为例

本节分析2002届毕业生最后学历为中职、高中、高职、本科及以上学历就业者的个人货币收益，以下均简称为中职就业者、高中就业者、高职就业者、本科及以上学历就业者的个人货币收益。数据描述性分析见第三章第三节。

一、中职就业者、高中就业者、高职就业者、本科及以上学历就业者的个人货币收益分析

（一）受教育程度与个人收益

下面以收入为观测变量，以受教育程度为控制变量，采用单因素方差分析法，分析不同受教育程度与个人收益的关系。

单因素方差分析的零**假设** H_0 在控制变量的不同水平下，各总体均值无显著性差异，即不同受教育程度的个人收入无显著性差异。

表5.26方差分析结果显示，F值3.542对应的概率值为0.001，小于显著性水平，拒绝零假设，认为受教育程度不同的个人收益存在显著性差异。

表5.26　　2002届毕业生个人收益与受教育程度的方差分析

差异源	平方和	自由度	均方	F值	概率值
组间	4.004E10	3	5.720E9	3.542	0.001
组内	3.811E11	240	1.615E9		
总数	4.211E11	243			

为了更进一步分析中职、高中、高职、本科及以上学历四种不同学历就业者之间的个人收入差异，下面进行多重比较分析，见表5.27。

表5.27　　2002届毕业生个人收益与受教育程度的多重比较

(I)	(J)	均值差（I－J）	显著性
中职	高中	12688.172	0.245
中职	高职	－1494.218	0.844
中职	本科及以上学历	－18055.876*	0.005
高中	中职	－12688.172	0.245
高中	高职	－14182.390	0.202
高中	本科及以上学历	－30744.048*	0.003
高职	中职	1494.218	0.844
高职	高中	14182.390	0.202
高职	本科及以上学历	－16561.658*	0.015
本科及以上学历	中职	18055.876*	0.005
本科及以上学历	高中	30744.048*	0.003
本科及以上学历	高职	16561.658*	0.015

注：＊均值差的显著性水平为0.05。

通过表5.27多重比较分析可以看出，中职就业者与高中就业者、高职就业者之间个人年收入不存在显著性差异，但中职就业者与本科及以上学历的就业者之间个人年收入差异显著，前者的收入比后者的收入低18055.876元。并且值得关注的是，高职就业者不仅与高中就业者之间，而且与中职就业者之间，年收入也不存在显著性差异，只是显著低于本科及以上学历就业者收入，低16561.658元。这一问题引发了笔者对我国职业教育质量的思考，一般来说，旨在培养人的技能技巧的职业教育应该能使接受职业教育的学生在学习期间，动手能力得到大幅度提高，从而显示出就业方面的强大优势，然而，事与愿违，不同学历的就业者的个人收益分析告诉我们，中职就业者、高职就业者居然与高中就业者的收益不存在显著性差异。

（二）不同受教育程度下的性别与个人收益

以收入为观测变量，以性别、受教育程度为控制变量，采用双因素方差分析法，分析不同受教育程度下的性别与个人收益的关系。

表5.28方差分析结果显示，受教育程度该因素F值4.12对应的概率值为0.007，小于显著性水平，拒绝零假设，认为受教育程度的差异对个人收益的作用显著。性别该因素F值6.69对应的概率值为0.010，小于显著性水平，拒绝零假设，认为性别的差异对个人收益的作用显著。受教育程度与性别的交互作用F值0.14对应的概率值为0.935，大于显著性水平，接受零假设，认为受教育程度与性别的交互作用对个人收益的作用不显著。

表5.28　　2002届毕业生高中、中职个人收益与性别的方差分析

差异源	自由度	F值	概率值
性别	1	6.69	0.010
受教育程度	3	4.12	0.007
性别与受教育程度的交互作用	3	0.14	0.935

接下来进行多重比较分析。表5.29显示，无论是中职女性与高中女性之间、中职女性与大专和高职女性之间，还是中职男性与高中男性之间、中职男性与大专和高职男性之间，他（她）们的年收入差异都不显著。但中职女性与本科及以上学历女性之间、中职男性与本科及以上学历男性之间的个人年收入存在显著的差异，他（她）们的收入差异都是前者低于后者，分别低17773.080元、18742.629元。这表明，中职、高中、高职和本科及以上学历就业者之间的个人年收入存在显著性差异，但中职就业者与高中就业者、中职就业者与高职就业者之间个人年收入不存在显著性差异。

表 5.29　　2002 届毕业生性别与高中、中职个人收益的多重比较

(I)	(J)	均值差（I－J）	显著性
中职女性	高中女性	15575.758	0.285
中职男性	高中男性	8318.966	0.605
中职女性	大专和高职女性	432.900	0.967
中职男性	大专和高职男性	－3531.034	0.748
中职女性	本科及以上学历女性	－17773.080*	0.008
中职男性	本科及以上学历男性	－18742.629*	0.019

注：*均值差的显著性水平为 0.05。

（三）不同受教育程度下的工龄与个人收益

以收入为观测变量，以工龄、受教育程度为控制变量，采用双因素方差分析法，分析不同受教育程度下的工龄与个人收益的关系。

表 5.30 方差分析结果显示，受教育程度该因素 F 值 3.55 对应的概率值为 0.015，小于显著性水平，拒绝零假设，认为受教育程度的差异对个人收益的作用显著。工龄该因素 F 值 1.44 对应的概率值为 0.003，小于显著性水平，拒绝零假设，认为工龄的差异对个人收益的作用显著。受教育程度与工龄的交互作用 F 值 0.78 对应的概率值为 0.719，大于显著性水平，接受零假设，认为受教育程度与工龄的交互作用对个人收益的作用不显著。

表 5.30　　2002 届毕业生高中、中职个人收益与工龄的方差分析

差异源	自由度	F 值	概率值
受教育程度	3	3.55	0.015
工龄	1	1.44	0.003
受教育程度与工龄的交互作用	3	0.78	0.719

接下来进行多重比较分析。表 5.31 显示，无论是工龄为 7 年及以下的中职就业者与高中就业者之间，还是工龄为 7 年以上的中职就业者与高中就业者之间，他们的年收入并不存在显著性差异。不仅如此，工龄为 7 年及以

下的中职就业者与高职就业者之间，以及工龄为7年以上的中职就业者与高职就业者之间，年收入也不存在显著性差异。但工龄为7年及以下的中职就业者与工龄为7年及以下的本科及以上学历就业者之间年收入具有显著性差异，前者比后者低28316.151元；工龄为7年以上的中职就业者与工龄为7年以上的本科及以上学历就业者之间年收入也存在显著性差异，前者比后者低22418.079元。

表5.31　　2002届毕业生工龄与高中、中职个人收益的多重比较

(I)	(J)	均值差（I-J）	显著性
工龄为7年及以下的中职就业者收入	工龄为7年及以下的高中就业者收入	15084.746	0.608
工龄为7年以上的中职就业者收入	工龄为7年以上的高中就业者收入	16790.254	0.146
工龄为7年及以下的中职就业者收入	工龄为7年及以下的大专和高职就业者收入	-12777.778	0.603
工龄为7年以上的中职就业者收入	工龄为7年以上的大专和高职就业者收入	-378.863	0.973
工龄为7年及以下的中职就业者收入	工龄为7年及以下的本科及以上学历就业者收入	-28316.151*	0.014
工龄为7年以上的中职就业者收入	工龄为7年以上的本科及以上学历就业者收入	-22418.079*	0.019

注：*均值差的显著性水平为0.05。

（四）不同受教育程度下的行业与个人收益

以收入为观测变量，以行业、受教育程度为控制变量，采用双因素方差分析法，分析不同受教育程度下的行业与个人收益的关系。

表5.32方差分析结果显示，受教育程度该因素F值3.34对应的概率值为0.020，小于显著性水平，拒绝零假设，认为受教育程度的差异对个人收益的作用显著。行业该因素F值2.76对应的概率值为0.065，大于显著性水平，接受零假设，认为行业的差异对个人收益的作用不显著。受教育程度

与行业的交互作用 F 值 0.19 对应的概率值为 0.965，大于显著性水平，接受零假设，认为受教育程度与行业的交互作用对个人收益的作用不显著。

表 5.32 2002 届毕业生高中、中职个人收益与行业的方差分析

差异源	自由度	F 值	概率值
受教育程度	3	3.34	0.020
行业	2	2.76	0.065
受教育程度与行业的交互作用	5	0.19	0.965

接下来进行多重比较分析。表 5.33 显示，无论是低收益行业的中职就业者与低收益行业的高中就业者之间，还是低收益行业的中职就业者与低收益行业的高职就业者之间，他们的年收入都不存在显著性差异。而且，无论是中收益行业的中职就业者与中收益行业的高中就业者之间，还是中收益行业的中职就业者与中收益行业的高职就业者之间，他们的年收入也不存在显著性差异。甚至还有，无论是高收益行业的中职就业者与高收益行业的高中就业者之间，还是高收益行业的中职就业者与高收益行业的高职就业者之间，他们的年收入仍不存在显著性差异。但低收益行业的中职就业者与低收益行业的本科及以上学历就业者之间年收入存在显著性差异，前者比后者低 22258.065 元；中收益行业的中职就业者与中收益行业的本科及以上学历就业者之间年收入存在显著性差异，前者比后者低 20327.381 元；高收益行业的中职就业者与高收益行业的本科及以上学历就业者之间年收入存在显著性差异，前者比后者低 20543.779 元。

表 5.33 2002 届毕业生行业与高中、中职个人收益的多重比较

(I)	(J)	均值差（I－J）	显著性
低收益行业的中职就业者收入	低收益行业的高中就业者收入	－416.667	0.985
中收益行业的中职就业者收入	中收益行业的高中就业者收入	2380.952	0.913
高收益行业的中职就业者收入	高收益行业的高中就业者收入	19571.429	0.124
低收益行业的中职就业考收入	低收益行业的高职就业者收入	－14444.444	0.550

续表

(I)	(J)	均值差（I－J）	显著性
中收益行业的中职就业者收入	中收益行业的高职就业者收入	－744.048	0.955
高收益行业的中职就业者收入	高收益行业的高职就业者收入	1297.619	0.903
低收益行业的中职就业者收入	低收益行业的本科及以上学历就业者收入	－22258.065*	0.031
中收益行业的中职就业者收入	中收益行业的本科及以上学历就业者收入	－20327.381*	0.034
高收益行业的中职就业者收入	高收益行业的本科及以上学历就业者收入	－20543.779*	0.039

注：*均值差的显著性水平为0.05。

（五）不同受教育程度下的职业与个人收益

以收入为观测变量，以职业、受教育程度为控制变量，采用双因素方差分析法，分析不同受教育程度下的职业与个人收益的关系。

表5.34方差分析结果显示，受教育程度该因素F值1.88对应的概率值为0.039，小于显著性水平，拒绝零假设，认为受教育程度的差异对个人收益的作用显著。职业该因素F值0.16对应的概率值为0.853，大于显著性水平，接受零假设，认为职业的差异对个人收益的作用不显著。受教育程度与职业的交互作用F值0.31对应的概率值为0.872，大于显著性水平，接受零假设，认为受教育程度与职业的交互作用对个人收益的作用不显著。

表5.34　2002届毕业生高中、中职个人收益与职业的方差分析

差异源	自由度	F值	概率值
受教育程度	3	1.88	0.039
职业	2	0.16	0.853
受教育程度与职业的交互作用	5	0.31	0.872

接下来进行多重比较分析。表5.35显示，无论是职业为专业技术人员

和国家机关党群组织、企事业单位负责人等的中职就业者与高中就业者之间、职业为办事人员和管理人员等的中职就业者与高中就业者之间还是职业为商业工作人员等的中职就业者与高中就业者之间，年收入并不存在显著性差异。而且，无论是职业为专业技术人员和国家机关党群组织、企事业单位负责人等的中职就业者与高职就业者之间、职业为办事人员和管理人员等的中职就业者与高职就业者之间还是职业为商业工作人员等的中职就业者与高职就业者之间，年收入也不存在显著性差异。但职业为专业技术人员和国家机关党群组织、企事业单位负责人等的中职就业者与本科及以上学历就业者之间，年收入差异显著，前者比后者年收入低 29973. 26 元；职业为商业工作人员等的中职就业者与本科及以上学历就业者之间，年收入差异亦显著，前者比后者年收入低 23321. 41 元；职业为办事人员和管理人员等的中职就业者与本科及以上学历就业者之间，年收入亦存在显著性差异，前者比后者年收入低 17941. 52 元。

表 5. 35　　2002 届毕业生职业与高中、中职个人收益的多重比较

(I)	(J)	均值差（I－J）	显著性
职业为专业技术人员等的中职就业者收入	职业为专业技术人员等的高中就业者收入	1549. 12	0. 622
职业为办事人员等的中职就业者收入	职业为办事人员等的高中就业者收入	3211. 45	0. 347
职业为商业工作人员等的中职就业者收入	职业为商业工作人员等的高中就业者收入	5443. 21	0. 225
职业为专业技术人员等的中职就业者收入	职业为专业技术人员等的高职就业者收入	－3485. 72	0. 323
职业为办事人员等的中职就业者收入	职业为办事人员等的高职就业者收入	－3898. 88	0. 311
职业为商业工作人员等的中职就业者收入	职业为商业工作人员等的高职就业者收入	－6325. 52	0. 213
职业为专业技术人员等的中职就业者收入	职业为专业技术人员等的本科及以上学历就业者收入	－29973. 26*	0. 000

续表

(I)	(J)	均值差(I-J)	显著性
职业为办事人员等的中职就业者收入	职业为办事人员等的本科及以上学历就业者收入	-17941.52*	0.032
职业为商业工作人员等的中职就业者收入	职业为商业工作人员等的本科及以上学历就业者收入	-23321.41*	0.000

注：*均值差的显著性水平为0.05。

(六) 不同受教育程度下的就业地区与个人收益

以收入为观测变量，以就业地区、受教育程度为控制变量，采用双因素方差分析法，分析不同受教育程度下的就业地区与个人收益的关系。

表5.36方差分析结果显示，受教育程度该因素F值2.74对应的概率值为0.044，小于显著性水平，拒绝零假设，认为受教育程度的差异对个人收益的作用显著。就业地区该因素F值1.89对应的概率值为0.047，小于显著性水平，拒绝零假设，认为就业地区的差异对个人收益的作用显著。受教育程度与就业地区的交互作用F值0.87对应的概率值为0.456，大于显著性水平，接受零假设，认为受教育程度与就业地区的交互作用对个人收益的作用不显著。

表5.36　2002届毕业生高中、中职个人收益与就业地区的方差分析

差异源	自由度	F值	概率值
受教育程度	3	2.74	0.044
就业地区	1	1.89	0.047
受教育程度与就业地区的交互作用	3	0.87	0.456

接下来进行多重比较分析。表5.37显示，无论是在首都、省会或者地级城市就业的中职毕业生与在首都、省会或者地级城市就业的高中毕业生之间，还是在县城、镇或者农村就业的中职毕业生与在县城、镇或者农村就业的高中毕业生之间，他们的年收入并不存在显著性差异。而且，无论是在首

都、省会或者地级城市就业的中职毕业生与在首都、省会或者地级城市就业的高职毕业生之间，还是在县城、镇或者农村就业的中职毕业生与在县城、镇或者农村就业的高职毕业生之间，他们的年收入也不存在显著性差异。但是，在首都、省会或者地级城市就业的中职毕业生与在首都、省会或者地级城市就业的本科及以上学历毕业生之间，年收入存在显著性差异，前者比后者低 19134.92 元；在县城、镇或者农村就业的中职毕业生与在县城、镇或者农村就业的本科及以上学历毕业生之间，年收入也存在显著性差异，前者比后者低 19560.44 元。

表 5.37　2002 届毕业生就业地区与高中、中职个人收益的多重比较

（I）	（J）	均值差（I－J）	显著性
在首都、省会或者地级城市就业的中职毕业生收入	在首都、省会或者地级城市就业的高中毕业生收入	5053.5	0.301
在县城、镇或者农村就业的中职毕业生收入	在县城、镇或者农村就业的高中毕业生收入	8403.85	0.158
在首都、省会或者地级城市就业的中职毕业生收入	在首都、省会或者地级城市就业的高职毕业生收入	－8226.49	0.165
在县城、镇或者农村就业的中职毕业生收入	在县城、镇或者农村就业的高职毕业生收入	1439.56	0.639
在首都、省会或者地级城市就业的中职毕业生收入	在首都、省会或者地级城市就业的本科及以上学历毕业生收入	－19134.92*	0.016
在县城、镇或者农村就业的中职毕业生收入	在县城、镇或者农村就业的本科及以上学历毕业生收入	－19560.44*	0.007

注：* 均值差的显著性水平为 0.05。

二、中职、高中路径货币收益分析

以上的研究结论告诉我们，最后学历为中职的就业者与最后学历为高中的就业者之间，个人收入并不存在显著性差异，但为什么自 20 世纪 90 年代末至2004年，“普高热、职高冷”愈演愈烈？为什么中等职业教育在校生人数占高中阶段在校生人数的比例出现持续滑坡？为什么招生困难成为制约中等职业教育发展的“瓶颈”？2004年以后，中职辍学率为什么节节攀升？这一系列问题激发了笔者对中职、高中路径收益状况探索的兴趣。

（一）数据处理说明

本节所使用的数据是在所截取2002届毕业生数据的基础上，根据被调查者就读的高中类型是属于中等职业学校还是普通高中进行分类来处理的。在上一节选取的样本中，笔者根据调查者高中阶段就读于中等职业学校的学生不管其是直接就业还是继续升学后再就业都归类为中职教育路径；高中阶段就读于普通高中的学生不管其是直接就业还是继续升学后再就业都归类为高中教育路径。经过上述处理，获得有效观测数据253个，其中，中职路径的样本数为112个，高中路径的为141个。

（二）中职、高中路径货币收益分析

1. 受教育程度与个人收益。下面以收入为观测变量，以高中类型为控制变量，采用单因素方差分析法，分析不同高中类型与个人收益的关系。

单因素方差分析的零**假设** H_0 在控制变量的不同水平下，各总体均值无显著性差异，即不同高中类型的个人收入无显著性差异。

表5.38方差分析结果显示，F值2.349对应的概率值为0.027，小于显著性水平，拒绝零假设，认为高中类型不同的个人收益存在显著性差异。

表5.38　2002届毕业生中职、高中路径个人收益与高中类型的方差分析

差异源	平方和	自由度	均方	F值	概率值
组间	4.049E9	1	4.049E9	2.349	0.027
组内	4.189E11	243	1.724E9		
总数	4.229E11	244			

高中路径就业者的平均年收入为 55579.71 元，而中职路径就业者只有 47383.18 元，中职路径就业者的平均年收入比高中路径就业者平均年收入少 8196.53 元（见表 5.39）。

表 5.39　　2002 届毕业生中职、高中路径个人收益分析

类别	可观测数据	均值	标准差
中职路径	112	47383.18	48512.52
高中路径	141	55579.71	35164.23
Total	253	51481.45	41838.38

2. 不同高中类型条件下的性别与个人收益。以收入为观测变量，以性别、高中类型为控制变量，采用双因素方差分析法，分析不同高中类型条件下的性别与个人收益的关系。

表 5.40 方差分析结果显示，高中类型该因素 F 值 9.53 对应的概率值为 0.002，小于显著性水平，拒绝零假设，认为高中类型的差异对个人收益的作用显著。性别该因素 F 值 1.79 对应的概率值为 0.022，小于显著性水平，拒绝零假设，认为性别的差异对个人收益的作用显著。高中类型与性别的交互作用 F 值 0.77 对应的概率值为 0.381，大于显著性水平，接受零假设，认为高中类型与性别的交互作用对个人收益的作用不显著。

表 5.40　　2002 届毕业生中职、高中路径个人收益与性别的方差分析

差异源	自由度	F 值	概率值
性别	1	1.79	0.022
高中类型	1	9.53	0.002
性别与高中类型的交互作用	1	0.77	0.381

接下来进行多重比较分析。表 5.41 显示，中职路径就业者年收入显著低于高中路径就业者。同性别之间，女性中职路径就业者和女性高中路径就业者之间的年收入存在显著性差异，前者比后者年收入低 10424.992 元。同

样，男性中职路径就业者与男性高中路径就业者之间年收入也存在显著性差异，前者比后者年收入低 11657.047 元。不同性别之间，女性中职路径就业者与男性高中路径就业者年收入差异显著，女性中职路径就业者比男性高中路径就业者年收入低 23295.761 元，男性中职路径就业者与女性高中路径就业者年收入在统计意义上并不存在显著性差异。

表 5.41　2002 届毕业生性别与中职、高中路径个人收益的多重比较

(I)	(J)	均值差（I－J）	显著性
女性高中路径就业者收入	女性中职路径就业者收入	10424.992*	0.034
女性高中路径就业者收入	男性中职路径就业者收入	－7213.722	0.228
男性高中路径就业者收入	女性中职路径就业者收入	23295.761*	0.002
男性高中路径就业者收入	男性中职路径就业者收入	11657.047*	0.028

注：* 均值差的显著性水平为 0.05。

3. 不同高中类型条件下的工龄与个人收益。以收入为观测变量，以工龄、高中类型为控制变量，采用双因素方差分析法，分析不同高中类型条件下的工龄与个人收益的关系。

表 5.42 方差分析结果显示，高中类型该因素 F 值 8.76 对应的概率值为 0.014，小于显著性水平，拒绝零假设，认为高中类型的差异对个人收益的作用显著。工龄该因素 F 值 5.66 对应的概率值为 0.022，小于显著性水平，拒绝零假设，认为工龄的差异对个人收益的作用显著。高中类型与工龄的交互作用 F 值 0.78 对应的概率值为 0.622，大于显著性水平，接受零假设，认为高中类型与工龄的交互作用对个人收益的作用不显著。

表 5.42　2002 届毕业生中职、高中路径个人收益与工龄的方差分析

差异源	自由度	F 值	概率值
高中类型	1	8.76	0.014
工龄	1	5.66	0.022
高中类型与工龄的交互作用	1	0.78	0.622

接下来进行多重比较分析。表 5. 43 显示，工龄为 7 年及以下的中职路径就业者与工龄为 7 年及以下的高中路径就业者之间、工龄为 7 年以上的中职路径就业者与工龄为 7 年及以下的高中路径就业者之间、工龄为 7 年以上的中职路径就业者与工龄为 7 年以上的高中路径就业者之间，年收入均不存在显著性差异。但工龄为 7 年以上的中职路径就业者收入显著低于工龄为 7 年及以下的高中路径就业者年收入，前者比后者低 12927. 318 元。从表 5. 44 样本数量中来看，中职路径就业者中，71. 43% 的就业者的工龄为 7 年以上，而高中路径就业者中，76. 30% 的就业者的工龄为 7 年及以下，无论是哪一类，所占比例均较高。因此，结合方差分析和多重比较结论，我们可以得出，2002 届中职路径就业者收入显著低于高中路径就业者。

表 5. 43　2002 届毕业生工龄与中职、高中路径个人收益的多重比较

(I)	(J)	均值差（I－J）	显著性
工龄为 7 年及以下的高中路径就业者收入	工龄为 7 年及以下的中职路径就业者收入	5609. 831	0. 510
工龄为 7 年及以下的高中路径就业者收入	工龄为 7 年以上的中职路径就业者收入	12927. 318*	0. 040
工龄为 7 年以上的高中路径就业者收入	工龄为 7 年及以下的中职路径就业者收入	－6129. 032	0. 562
工龄为 7 年以上的高中路径就业者收入	工龄为 7 年以上的中职路径就业者收入	1188. 455	0. 893

注：* 均值差的显著性水平为 0. 05。

表 5. 44　2002 届毕业生样本的工龄特征

类别	数量或百分比	中职路径	高中路径
工龄 7 年及以下	数量（个）	32	109
	百分比（%）	28. 57	76. 30
工龄 7 年以上	数量（个）	80	32
	百分比（%）	71. 43	22. 70
合计	数量（个）	112	141
	百分比（%）	100	100

4. 不同高中类型条件下的行业与个人收益。以收入为观测变量，以行业、高中类型为控制变量，采用双因素方差分析法，分析不同高中类型条件下的行业与个人收益的关系。

表5.45方差分析结果显示，高中类型该因素F值7.97对应的概率值为0.001，小于显著性水平，拒绝零假设，认为高中类型的差异对个人收益的作用显著。行业该因素F值4.49对应的概率值为0.012，小于显著性水平，拒绝零假设，认为行业的差异对个人收益的作用显著。高中类型与行业的交互作用F值1.03对应的概率值为0.360，大于显著性水平，接受零假设，认为高中类型与行业的交互作用对个人收益的作用不显著。

表5.45 2002届毕业生中职、高中路径个人收益与行业的方差分析

差异源	自由度	F值	概率值
高中类型	1	7.97	0.001
行业	2	4.49	0.012
高中类型与行业的交互作用	2	1.03	0.360

接下来进行多重比较分析。表5.46显示，中职路径低收益行业的就业者与高中路径低收益行业就业者年收入不存在显著性差异，但与高中路径中收益行业、高收益行业就业者年收入差异显著，分别比高中路径中收益行业、高收益行业就业者收入低19007.53元、37700.535元；无论是在中收益行业就业的中职路径就业者与低收益行业的高中路径就业者、中收益行业的高中路径就业者、高收益行业的高中路径就业者之间，还是高收益行业的中职路径就业者与低收益行业的高中路径就业者、中收益行业的高中路径就业者、高收益行业的高中路径就业者之间，年收入并不存在显著性差异。表5.47样本数据中，59.82%的中职路径样本在低收益行业就业，30.36%中职路径样本在中收益行业就业，仅有9.82%中职路径样本在高收益行业就业。

表 5.46　　2002 届毕业生行业与中职、高中路径个人收益的多重比较

(I)	(J)	均值差 (I-J)	显著性
低收益行业的高中路径就业者收入	低收益行业的中职路径就业者收入	-12727.273	0.370
中收益行业的高中路径就业者收入	低收益行业的中职路径就业者收入	19007.353*	0.038
高收益行业的高中路径就业者收入	低收益行业的中职路径就业者收入	37700.535*	0.000
低收益行业的高中路径就业者收入	中收益行业的中职路径就业者收入	-14973.262	0.093
中收益行业的高中路径就业者收入	中收益行业的中职路径就业者收入	5965.909	0.661
高收益行业的高中路径就业者收入	中收益行业的中职路径就业者收入	10000.000	0.457
低收益行业的高中路径就业者收入	高收益行业的中职路径就业者收入	-17256.778	0.054
中收益行业的高中路径就业者收入	高收益行业的中职路径就业者收入	5470.494	0.477
高收益行业的高中路径就业者收入	高收益行业的中职路径就业者收入	1436.404	0.857

注：* 均值差的显著性水平为 0.05。

表 5.47　　　　2002 届毕业生样本的行业特征

类别	数量或百分比	中职路径	高中路径
低收益行业	数量（个）	67	49
	百分比（%）	59.82	34.75
中收益行业	数量（个）	34	55
	百分比（%）	30.36	39.01
高收益行业	数量（个）	11	37
	百分比（%）	9.82	26.24
合计	数量（个）	112	141
	百分比（%）	100	100

5. 不同高中类型条件下的职业与个人收益。以收入为观测变量，以职业、高中类型为控制变量，采用双因素方差分析法，分析不同高中类型条件下的职业与个人收益的关系。

表5.48方差分析结果显示，高中类型该因素F值0.65对应的概率值为0.023，小于显著性水平，拒绝零假设，认为高中类型的差异对个人收益的作用显著。职业该因素F值0.08对应的概率值为0.920，大于显著性水平，接受零假设，认为职业的差异对个人收益的作用不显著。高中类型与职业的交互作用F值0.56对应的概率值为0.570，大于显著性水平，接受零假设，认为高中类型与职业的交互作用对个人收益的作用不显著。

表5.48　2002届毕业生中职、高中路径个人收益与职业的方差分析

差异源	自由度	F值	概率值
高中类型	1	0.65	0.023
职业	2	0.08	0.920
高中类型与职业的交互作用	2	0.56	0.570

接下来进行多重比较分析。表5.49显示，职业为专业技术人员和国家机关党群组织、企事业单位负责人等的中职路径就业者与高中路径就业者相比，年收入差异显著，前者比后者低2923.33元。职业为商业工作人员等的中职路径就业者与高中路径的职业为专业技术人员和国家机关党群组织、企事业单位负责人等的就业者、职业为办事人员和管理人员等的就业者、职业为商业工作人员等的就业者年收入差异均显著，前者比后三者分别低7730.47元、5108.01元和1539.10元。职业为办事人员和管理人员等的中职路径就业者与职业为专业技术人员和国家机关党群组织、企事业单位负责人等的高中路径就业者之间年收入差异亦显著，前者比后者低4066.03元，但与其他职业的高中路径就业者年收入差异并不显著。表5.50样本数据中，职业为专业技术人员和国家机关党群组织、企事业单位负责人等的中职路径就业者仅占中职路径总样本量的1.79%，而此职业类型的高中路径就业者占高中路径总样本量的24.82%；职业为商业工作人员等的中职路径就业者

占中职路径样本量的89.28%，而此类职业的高中路径就业者只占高中路径样本量的62.41%；职业为办事人员和管理人员等的中职路径就业者只占中职路径就业者的8.93%。

表5.49　2002届毕业生职业与中职、高中路径个人收益的多重比较

(I)	(J)	均值差（I－J）	显著性
职业为专业技术人员等的高中路径就业者收入	职业为专业技术人员等的中职路径就业者收入	2923.33*	0.001
职业为办事人员和管理人员等的高中路径就业者收入	职业为专业技术人员等的中职路径就业者收入	300.87	0.760
职业为商业工作人员等的高中路径就业者收入	职业为专业技术人员等的中职路径就业者收入	－3268.04*	0.001
职业为专业技术人员等的高中路径就业者收入	职业为办事人员和管理人员等的中职路径就业者收入	4066.03*	0.000
职业为办事人员和管理人员等的高中路径就业者收入	职业为办事人员和管理人员等的中职路径就业者收入	1443.58	0.176
职业为商业工作人员等的高中路径就业者收入	职业为办事人员和管理人员等的中职路径就业者收入	－2125.34	0.051
职业为专业技术人员等的高中路径就业者收入	职业为商业工作人员等的中职路径就业者收入	7730.47*	0.000
职业为办事人员和管理人员等的高中路径就业者收入	职业为商业工作人员等的中职路径就业者收入	5108.01*	0.000
职业为商业工作人员等的高中路径就业者收入	职业为商业工作人员等的中职路径就业者收入	1539.10*	0.041

注：*均值差的显著性水平为0.05。

表5.50　2002届毕业生样本的职业特征

类别	数量或百分比	中职路径	高中路径
职业为专业技术人员和国家机关党群组织、企事业单位负责人等	数量（个）	2	35
	百分比（%）	1.79	24.82

续表

类别	数量或百分比	中职路径	高中路径
职业为办事人员和管理人员等	数量（个）	10	18
	百分比（%）	8.93	12.77
职业为商业工作人员等	数量（个）	100	88
	百分比（%）	89.28	62.41
合计	数量（个）	112	141
	百分比（%）	100	100

6. 不同高中类型条件下的就业地区与个人收益。以收入为观测变量，以就业地区、高中类型为控制变量，采用双因素方差分析法，分析不同高中类型条件下的就业地区与个人收益的关系。

表5.51方差分析结果显示，高中类型该因素F值6.58对应的概率值为0.047，小于显著性水平，拒绝零假设，认为高中类型的差异对个人收益的作用显著。就业地区该因素F值3.07对应的概率值为0.081，大于显著性水平，接受零假设，认为就业地区的差异对个人收益的作用不显著。高中类型与就业地区的交互作用F值0.03对应的概率值为0.944，大于显著性水平，接受零假设，认为高中类型与就业地区的交互作用对个人收益的作用不显著。

表5.51　2002届毕业生中职、高中路径个人收益与就业地区的方差分析

差异源	自由度	F值	概率值
高中类型	1	6.58	0.047
就业地区	1	3.07	0.081
高中类型与就业地区的交互作用	1	0.03	0.944

接下来进行多重比较分析。表5.52显示，在县城、镇或者农村就业的中职路径就业者与在首都、省会或者地级城市就业的高中路径就业者之间个人年收入存在显著性差异，前者比后者低27107.438元。而无论是在首都、省会或者地级城市就业的中职路径就业者与在首都、省会或者地级城市就业

的高中路径就业者之间，还是在县城、镇或者农村就业的中职路径就业者与在县城、镇或者农村就业的高中路径就业者之间，或者是在首都、省会或者地级城市就业的中职路径就业者与在县城、镇或者农村就业的高中路径就业者之间，他们的年收入并不存在显著性差异。但综合多重比较和方差分析来看，中职就业者的年收入显著低于高中就业者的年收入。表 5.53 样本数据中，在县城、镇或者农村就业的中职路径就业者占中职路径样本量的 34.82%，而此类型的高中就业者仅占高中路径样本量的 12.06%。在首都、省会或者地级城市就业的中职路径就业者占中职路径样本量的 65.18%，而此类型的高中就业者占高中路径样本量高达 87.94%。

表 5.52　2002 届毕业生就业地区与中职、高中路径个人收益的多重比较

(I)	(J)	均值差（I－J）	显著性
在首都、省会或者地级城市就业的高中路径就业者收入	在首都、省会或者地级城市就业的中职路径就业者收入	15658.163	0.066
在首都、省会或者地级城市就业的高中路径就业者收入	在县城、镇或者农村就业的中职路径就业者收入	27107.438*	0.027
在县城、镇或者农村就业的高中路径就业者收入	在首都、省会或者地级城市就业的中职路径就业者收入	－6743.393	0.548
在县城、镇或者农村就业的高中路径就业者收入	在县城、镇或者农村就业的中职路径就业者收入	4705.882	0.697

注：* 均值差的显著性水平为 0.05。

表 5.53　2002 届毕业生样本的就业地区特征

类别	数量或百分比	中职路径	高中路径
在首都、省会或者地级城市就业	数量（个）	73	124
	百分比（%）	65.18	87.94
在县城、镇或者农村就业	数量（个）	39	17
	百分比（%）	34.82	12.06
合计	数量（个）	112	141
	百分比（%）	100	100

7. 不同高中类型条件下的户口所在地与个人收益。以收入为观测变量，以户口所在地、高中类型为控制变量，采用双因素方差分析法，分析不同高中类型条件下的户口所在地与个人收益的关系。

表 5.54 方差分析结果显示，高中类型该因素 F 值 0.23 对应的概率值为 0.632，大于显著性水平，接受零假设，认为高中类型的差异对个人收益的作用不显著。户口所在地该因素 F 值 15.21 对应的概率值为 0.000，小于显著性水平，拒绝零假设，认为户口所在地的差异对个人收益的作用显著。高中类型与户口所在地的交互作用 F 值 0.65 对应的概率值为 0.421，大于显著性水平，接受零假设，认为高中类型与户口所在地的交互作用对个人收益的作用不显著。

表 5.54　　2002 届毕业生中职、高中路径个人收益与户口所在地的方差分析

差异源	自由度	F 值	概率值
高中类型	1	0.23	0.632
户口所在地	1	15.21	0.000
高中类型与户口所在地的交互作用	1	0.65	0.421

接下来进行多重比较分析。表 5.55 显示，户口在县城、镇或者农村的中职路径就业者与户口在首都、省会或者地级城市的高中路径就业者之间年收入差异显著，前者比后者低 20316.554 元。户口在首都、省会或者地级城市的中职路径就业者与户口在县城、镇或者农村的高中路径就业者之间年收入亦存在显著性差异，前者比后者高 25163.636 元。除此之外，无论是户口在首都、省会或者地级城市的中职路径就业者与户口在首都、省会或者地级城市的高中路径就业者之间，还是户口在县城、镇或者农村的中职路径就业者与户口在县城、镇或者农村的高中路径就业者之间，年收入不存在显著性差异。表 5.56 样本数据中，75.89% 的中职路径样本户口在县城、镇或者农村，68.79% 的高中路径样本户口在首都、省会或者地级城市。但只有 24.11% 的中职路径样本户口在首都、省会或者地级城市，31.21% 的高中路径样本户口在县城、镇或者农村。

表 5.55　2002 届毕业生户口所在地与中职、高中路径个人收益的多重比较

（I）	（J）	均值差（I－J）	显著性
户口在首都、省会或者地级城市的高中路径就业者收入	户口在首都、省会或者地级城市的中职路径就业者收入	－7629.787	0.403
户口在首都、省会或者地级城市的高中路径就业者收入	户口在县城、镇或者农村的中职路径就业者收入	20316.554*	0.001
户口在县城、镇或者农村的高中路径就业者收入	户口在首都、省会或者地级城市的中职路径就业者收入	－25163.636*	0.014
户口在县城、镇或者农村的高中路径就业者收入	户口在县城、镇或者农村的中职路径就业者收入	2782.705	0.713

注：＊均值差的显著性水平为 0.05。

表 5.56　2002 届毕业生样本的户口所在地特征

类别	数量或百分比	中职路径	高中路径
户口在首都、省会或者地级城市	数量（个）	27	97
	百分比（%）	24.11	68.79
户口在县城、镇或者农村	数量（个）	85	44
	百分比（%）	75.89	31.21
合计	数量（个）	112	141
	百分比（%）	100	100

本 章 小 结

1. 本章重点探讨了中职、高中收益问题。研究发现，从湖南省 1993 届毕业生样本来看，中职就业者与高中就业者之间个人年收入存在显著性差异，前者比后者高 15411.343 元。中职就业者与高职就业者之间个人年收入不存在显著性差异，但中职就业者和本科及以上学历的就业者之间个人年收入存在显著性差异，前者的收入比后者的年收入要低 22323.241 元。不同性别、不同职业、不同工龄、不同就业地区的高中就业者与中职就业者之间的个人年收入存在显著性差异，前者显著低于后者。但是中职就业者与大专和高职就业者之间个人年收入差异并不显著，显著低于本科及以上学历就业者。

从路径分析来看，不同高中类型的就业者个人收益不存在显著性差异，也就是说，中职路径就业者与高中路径就业者之间收益不存在显著性差异。

2. 从湖南省2002届毕业生样本来看，中职就业者与高中就业者、高职就业者之间个人年收入不存在显著性差异，但中职就业者和本科及以上学历的就业者之间个人年收入差异显著，前者的年收入比后者的年收入低18055.876元。并且值得关注的是，高职就业者不仅与高中就业者之间，而且与中职就业者之间，年收入也不存在显著性差异，只是显著低于本科及以上学历就业者的年收入（低16561.658元）。这一问题引发了笔者对我国职业教育质量的思考，一般来说，旨在培养人的技能技巧的职业教育应该能使接受职业教育的学生在学习期间，动手能力得到大幅度提高，从而显示出就业方面的强大优势，然而，事与愿违，不同学历的就业者的个人收益分析告诉我们，中职就业者、高职就业者居然与高中就业者的收益不存在显著性差异。这一问题值得深入探讨。

从路径分析来看，不同高中类型的就业者个人收益存在显著性差异，也就是说，中职路径就业者的个人收益显著低于高中路径就业者的个人收益。

第六章

中等职业教育个人非货币收益分析

第一节

中等职业教育个人非货币收益分析

——以1993届毕业生为例

中等职业教育是在九年义务教育的基础上培养数以亿计的技术型、技能型应用人才和高素质劳动者的教育。全面建设小康社会，构建和谐社会，落实科学发展观，对职业教育提出了新的更高的要求。[①] 教育投资理论告诉我们，理性的“经济人”出于对经济利益的追求，在考察了个人（家庭）教育投资的全部成本及收益后，根据投资的风险与收益大小，做出不同层次和不同种类的教育投资决策（Becker，1964）。初中毕业生是愿意接受中等职业教育还是普通高中教育亦是初中学生和家长权衡了这两类教育承担的全部

① 黄尧：《中国职业教育宏观政策研究》，北京：高等教育出版社2006年版，第2~7页。

成本和预期收益后的结果，这些预期收益不仅包括货币收益，也包括非货币收益，如果我们在做研究时，仅仅研究货币收益，不研究非货币收益，这样必然造成对中等职业教育收益估算的偏差。基于此，笔者亦追踪了所有毕业生的非货币收益。

一、中职、高中就业者个人非货币收益分析

教育的非货币收益体现为更有潜力提高工作满意度，改善工作条件，优化工作环境，降低失业可能性，减少无工作能力的比例，获得更多福利以及使不同的劳动者与不同的工作相匹配，降低离职意愿等。故本书选择的指标有：就业者换工作单位数量、工作时间在一年以下的单位数量、失业累计次数、失业时间、获得的培训机会、享受的福利政策、就业者感觉自己在单位是否有发展前途、就业者在工作过程中能否持续不断地学习新东西、就业者对自己所在单位管理状况的评价、就业者对自己所处工作环境的评价、就业者的工作满意度以及目前的离职意愿。

（一）换工作单位数量

笔者以就业者换工作单位数量为观测变量，以不同受教育程度为控制变量，采用单因素方差分析方法，分析不同受教育程度与就业者换工作单位数量的关系。

单因素方差分析的零**假设** H_0 在控制变量的不同水平下，各总体均值无显著性差异，即不同受教育程度就业者的换工作单位数量无显著性差异。

表 6.1 方差分析结果显示，F 值 10.059 对应的概率值为 0.000，小于显著性水平，拒绝零假设，认为不同受教育程度就业者的换工作单位数量存在显著性差异。

通过多重比较笔者发现，中职就业者与高中就业者换工作数量差异显著，前者比后者少换 0.868 个工作，与大专和高职就业者换工作数量存在显著性差异，前者比后者多换 0.234 个工作。中职就业者亦显著高于本科就业者和硕士及以上学历就业者换工作数量，分别多换 0.674 个、0.314 个工作（见表 6.2）。

表 6.1　　1993 届毕业生不同受教育程度换工作单位数量单因素方差分析

差异源	平方和	自由度	均方	F 值	概率值
组间	92.458	4	23.115	10.059	0.000
组内	756.033	329	2.298		
总数	848.491	333			

表 6.2　1993 届毕业生不同受教育程度换工作单位数量的多重比较

(I)	(J)	均值差（I－J）	标准误	显著性
中职就业者	高中就业者	－0.868*	0.287	0.000
中职就业者	大专和高职就业者	0.234*	0.268	0.034
中职就业者	本科就业者	0.674*	0.256	0.000
中职就业者	硕士及以上学历就业者	0.314*	0.325	0.000

注：* 均值差的显著性水平为 0.05。

（二）工作时间在一年以下的单位数量

笔者以就业者工作时间在一年以下的单位数量为观测变量，以不同受教育程度为控制变量，采用单因素方差分析方法，分析不同受教育程度与就业者工作时间在一年以下的单位数量的关系。

单因素方差分析的零假设 H_0 在控制变量的不同水平下，各总体均值无显著性差异，即不同受教育程度的就业者工作时间在一年以下的单位数量无显著性差异。

表 6.3 方差分析结果显示，F 值 16.639 对应的概率值为 0.000，小于显著性水平，拒绝零假设，认为不同受教育程度的就业者工作时间在一年以下的单位数量存在显著性差异。

通过多重比较笔者发现，中职就业者与高中就业者工作时间在一年以下的单位数差异显著，前者比后者工作时间在一年以下的单位数少 1.159 个单位；与大专和高职就业者、本科就业者、硕士及以上学历就业者工作时间在一年以下的单位数差异不显著（见表 6.4）。

表 6.3　1993 届毕业生不同受教育程度就业者工作时间在一年以下的单位数量单因素方差分析

差异源	平方和	自由度	均方	F 值	概率值
组间	88.502	4	22.125	16.639	0.000
组内	437.477	329	1.330		
总数	525.979	333			

表 6.4　1993 届毕业生不同受教育程度就业者工作时间在一年以下的单位数量的多重比较

(I)	(J)	均值差（I－J）	标准误	显著性
中职就业者	高中就业者	－1.159*	0.218	0.000
中职就业者	大专和高职就业者	－0.112	0.204	0.582
中职就业者	本科就业者	0.335	0.195	0.087
中职就业者	硕士及以上学历就业者	0.144	0.247	0.559

注：* 均值差的显著性水平为 0.05。

（三）失业累计次数

笔者以就业者失业累计次数为观测变量，以不同受教育程度为控制变量，采用单因素方差分析方法，分析不同受教育程度与就业者失业累计次数的关系。

单因素方差分析的零**假设** H_0 在控制变量的不同水平下，各总体均值无显著性差异，即不同受教育程度的就业者失业累计次数无显著性差异。

表 6.5 方差分析结果显示，F 值 33.491 对应的概率值为 0.000，小于显著性水平，拒绝零假设，认为不同受教育程度的就业者失业累计次数存在显著性差异。

通过多重比较笔者发现，中职就业者与高中就业者失业累计次数差异显著，前者比后者失业累计次数少 1.353 次；与大专和高职就业者、本科就业者和硕士及硕士以上学历就业者的失业累计次数差异并不显著（见表 6.6）。

表 6.5　1993 届毕业生不同受教育程度就业者失业累计次数单因素方差分析

差异源	平方和	自由度	均方	F 值	概率值
组间	114.980	4	28.745	33.491	0.000
组内	282.373	329	0.858		
总数	397.353	333			

表 6.6　1993 届毕业生不同受教育程度就业者失业累计次数的多重比较

(I)	(J)	均值差（I－J）	标准误	显著性
中职就业者	高中就业者	－1.353*	0.175	0.000
中职就业者	大专和高职就业者	－0.012	0.164	0.942
中职就业者	本科就业者	0.272	0.156	0.083
中职就业者	硕士及以上学历就业者	0.331	0.198	0.096

注：* 均值差的显著性水平为 0.05。

（四）失业时间

笔者以就业者失业时间为观测变量，以不同受教育程度为控制变量，采用单因素方差分析方法，分析不同受教育程度与就业者的失业时间的关系。

单因素方差分析的零**假设** H_0 在控制变量的不同水平下，各总体均值无显著性差异，即不同受教育程度的就业者失业时间无显著性差异。

表 6.7 方差分析结果显示，F 值 30.711 对应的概率值为 0.000，小于显著性水平，拒绝零假设，认为不同受教育程度的就业者失业时间存在显著性差异。

表 6.7　1993 届毕业生不同受教育程度就业者失业时间单因素方差分析

差异源	平方和	自由度	均方	F 值	概率值
组间	157.384	4	39.346	30.711	0.000
组内	421.502	329	1.281		
总数	578.886	333			

笔者将就业者失业时间从少到多分5个级别排列，级别1为失业时间在三个月及以下、级别2为三个月至半年（含半年）、级别3为半年至一年（含一年）、级别4为一年至三年（含三年）、级别5为三年以上。研究发现，中职就业者与高中就业者失业时间差异显著，前者比后者失业时间低1.317个级别；与大专和高职就业者失业时间级别差异不显著，显著高于本科就业者、硕士及硕士以上学历就业者的失业时间，分别高0.611个、0.636个级别（见表6.8）。

表6.8　1993届毕业生不同受教育程度就业者失业时间的多重比较

(I)	(J)	均值差（I－J）	标准误	显著性
中职就业者	高中就业者	−1.317*	0.214	0.000
中职就业者	大专和高职就业者	0.198	0.200	0.322
中职就业者	本科就业者	0.611*	0.191	0.002
中职就业者	硕士及以上学历就业者	0.636*	0.242	0.009

注：*均值差的显著性水平为0.05。

（五）获得的培训机会

笔者以就业者所在单位对就业者提供的培训机会为观测变量，以不同受教育程度为控制变量，采用单因素方差分析方法，分析不同受教育程度与就业者所在单位对就业者提供的培训机会的关系。

单因素方差分析的零**假设 H_0** 在控制变量的不同水平下，各总体均值无显著性差异，即不同受教育程度的就业者所在单位对就业者提供的培训机会无显著性差异。

表6.9方差分析结果显示，F值16.771对应的概率值为0.000，小于显著性水平，拒绝零假设，认为不同受教育程度就业者所在单位对就业者提供的培训机会存在显著性差异。

表 6.9　　1993 届毕业生不同受教育程度换工作单位数量单因素方差分析

差异源	平方和	自由度	均方	F 值	概率值
组间	73.025	4	18.256	16.771	0.000
组内	358.128	329	1.089		
总数	431.153	333			

笔者将就业者所在单位为就业者提供的培训机会分为“完全没有或者基本没有”、“比较少”、“一般”、“比较多”、“相当多”五个级别，分别设定为第 1、2、3、4、5 级别。通过多重比较笔者发现，中职就业者与高中就业者获得的培训机会差异显著，前者比后者高 0.649 个级别；与大专和高职就业者的培训机会差异并不显著；显著低于本科就业者、硕士及硕士以上学历就业者的培训机会，分别低 0.603 个级别和 0.758 个级别，见表 6.10。

表 6.10　　1993 届毕业生不同受教育程度职业相关性的多重比较

(I)	(J)	均值差（I－J）	标准误	显著性
中职就业者	高中就业者	0.649*	0.197	0.001
中职就业者	大专和高职就业者	－0.203	0.184	0.272
中职就业者	本科就业者	－0.603*	0.176	0.001
中职就业者	硕士及以上学历就业者	－0.758*	0.224	0.001

注：* 均值差的显著性水平为 0.05。

（六）享受的福利政策

笔者以就业者在单位所享受到的福利政策为观测变量，以不同受教育程度为控制变量，采用单因素方差分析方法，分析不同受教育程度与就业者在单位所享受到的福利政策的关系。

单因素方差分析的零**假设** H_0 在控制变量的不同水平下，各总体均值无显著性差异，即不同受教育程度的就业者在单位所享受到的福利政策无显著性差异。

表6.11方差分析结果显示，F值55.061对应的概率值为0.000，小于显著性水平，拒绝零假设，认为不同受教育程度就业者在单位所享受到的福利政策存在显著性差异。

表6.11　　1993届毕业生不同受教育程度就业者在单位所享受到的福利政策单因素方差分析

差异源	平方和	自由度	均方	F值	概率值
组间	583.248	4	145.812	55.061	0.000
组内	871.246	329	2.648		
总数	1454.494	333			

笔者调查了就业者是否享受了免费健康体检、带薪假期、养老保险、失业保险、医疗保险五项福利政策，就业者每拥有一项福利政策就记1分。通过多重比较笔者发现，中职就业者与高中就业者福利政策差异显著，前者比后者在单位所享受到的福利政策多1.492分。比大专和高职就业者、本科就业者、硕士及硕士以上学历就业者在单位所享受到的福利政策分别少0.707分、2.003分、2.344分（见表6.12）。

表6.12　　1993届毕业生不同受教育程度就业者在单位所享受到的福利政策的多重比较

(I)	(J)	均值差（I-J）	标准误	显著性
中职就业者	高中就业者	1.492*	0.308	0.000
中职就业者	大专和高职就业者	-0.707*	0.288	0.014
中职就业者	本科就业者	-2.003*	0.275	0.000
中职就业者	硕士及以上学历就业者	-2.344*	0.349	0.000

注：*均值差的显著性水平为0.05。

（七）就业者感觉自己在单位是否有发展前途

笔者以就业者“感觉自己在目前单位个人发展前途的强弱”为观测变

量，以不同受教育程度为控制变量，采用单因素分析方法，分析不同受教育程度与就业者“感觉自己在目前单位个人发展前途的强弱”的关系。

单因素方差分析的零假设 H_0 在控制变量的不同水平下，各总体均值无显著性差异，即不同受教育程度的就业者“感觉自己在目前单位个人发展前途的强弱”无显著性差异。

表 6.13 方差分析结果显示，F 值 13.120 对应的概率值为 0.000，小于显著性水平，拒绝零假设，认为不同受教育程度就业者“感觉自己在目前单位个人发展前途的强弱”存在显著性差异。

表 6.13　1993 届毕业生不同受教育程度就业者“感觉自己在目前单位个人发展前途的强弱”单因素方差分析

差异源	平方和	自由度	均方	F 值	概率值
组间	38.875	4	9.719	13.120	0.000
组内	243.715	329	0.741		
总数	282.590	333			

笔者将就业者“感觉自己在目前单位个人发展前途的强弱”从弱到强分 5 个级别排列，级别 1 为“根本没有前途”、级别 2 为“没有前途”、级别 3 为“说不准”、级别 4 为“有前途”、级别 5 为“很有前途”。通过多重比较笔者发现，中职就业者与高中就业者“感觉自己在目前单位个人发展前途的强弱”差异显著，前者比后者高 0.399 个级别；与大专和高职就业者、本科就业者、硕士及硕士以上学历就业者亦存在显著性差异，分别低 0.409 个、0.441 个、0.516 个级别（见表 6.14）。

表 6.14　1993 届毕业生不同受教育程度就业者“感觉自己在目前单位个人发展前途的强弱”的多重比较

(I)	(J)	均值差（I－J）	标准误	显著性
中职就业者	高中就业者	0.399*	0.163	0.015
中职就业者	大专和高职就业者	－0.409*	0.152	0.008

续表

(I)	(J)	均值差（I－J）	标准误	显著性
中职就业者	本科就业者	－0.441*	0.145	0.003
中职就业者	硕士及以上学历就业者	－0.616*	0.184	0.001

注：*均值差的显著性水平为0.05。

（八）在工作过程中能否持续不断地学习新东西

笔者以被调查者对待“在工作过程中能持续不断地学习新东西”这一问题的态度为观测变量，以不同受教育程度为控制变量，采用单因素方差分析方法，分析不同受教育程度与就业者对待“在工作过程中能持续不断地学习新东西”这一问题态度的关系。

单因素方差分析的零**假设 H_0** 在控制变量的不同水平下，各总体均值无显著性差异，即不同受教育程度的就业者对待“在工作过程中能持续不断地学习新东西”这一问题的态度无显著性差异。

表6.15方差分析结果显示，F值18.447对应的概率值为0.000，小于显著性水平，拒绝零假设，认为不同受教育程度就业者对待“在工作过程中能持续不断地学习新东西”这一问题的态度存在显著性差异。

表6.15　1993届毕业生不同受教育程度就业者对待“在工作过程中能持续不断地学习新东西”这一问题的态度单因素方差分析

差异源	平方和	自由度	均方	F值	概率值
组间	73.794	4	18.448	18.447	0.000
组内	329.032	329	1.000		
总数	402.826	333			

笔者将就业者对待“在工作过程中能持续不断地学习新东西”这一问题的态度分5个级别排列，级别1为“完全不同意”、级别2为“不太同意”、级别3为“一般”、级别4为“比较同意”、级别5为“非常同意”。通过多重比较笔者发现，中职就业者与高中就业者对待“在工作过程中能持续不断地学习新东西”这一问题的态度差异显著，前者比后者高0.997个

级别；与大专和高职就业者、本科就业者不存在差异不显著，显著低于硕士及以上学历就业者，低0.474个级别（见表6.16）。

表6.16　1993届毕业生不同受教育程度就业者对待“在工作过程中能持续不断地学习新东西”这一问题态度的多重比较

(I)	(J)	均值差（I－J）	标准误	显著性
中职就业者	高中就业者	0.997*	0.189	0.000
中职就业者	大专和高职就业者	－0.195	0.177	0.271
中职就业者	本科就业者	－0.192	0.169	0.257
中职就业者	硕士及以上学历就业者	－0.474*	0.214	0.028

注：＊均值差的显著性水平为0.05。

（九）对自己所在单位管理状况的评价

笔者以就业者对自己所在单位管理状况的评价为观测变量，以不同受教育程度为控制变量，采用单因素方差分析方法，分析不同受教育程度与就业者对自己所在单位管理状况的评价的关系。

单因素方差分析的零**假设** H_0 在控制变量的不同水平下，各总体均值无显著性差异，即不同受教育程度的就业者对自己所在单位管理状况的评价无显著性差异。

表6.17方差分析结果显示，F值7.285对应的概率值为0.000，小于显著性水平，拒绝零假设，认为不同受教育程度就业者对自己所在单位管理状况的评价存在显著性差异。

表6.17　1993届毕业生不同受教育程度就业者对自己所在单位管理状况的评价单因素方差分析

差异源	平方和	自由度	均方	F值	概率值
组间	18.943	4	4.736	7.285	0.000
组内	213.874	329	0.650		
总数	232.817	333			

笔者将就业者对自己所在单位管理状况的评价分为“非常差”、“较差”、“一般”、“较好”、“非常好”五个级别，分别设定为第1、2、3、4、5级别。通过多重比较笔者发现，中职就业者与高中就业者对自己所在单位管理状况的评价差异显著，前者比后者高0.594个级别，与大专和高职就业者、本科就业者、硕士及硕士以上学历就业者对自己所在单位管理状况的评价不存在显著性差异（见表6.18）。

表6.18　1993届毕业生不同受教育程度就业者对自己所在单位管理状况评价的多重比较

(I)	(J)	均值差（I-J）	标准误	显著性
中职就业者	高中就业者	0.594*	0.153	0.000
中职就业者	大专和高职就业者	0.034	0.142	0.811
中职就业者	本科就业者	-0.032	0.136	0.814
中职就业者	硕士及以上学历就业者	-0.127	0.173	0.461

注：* 均值差的显著性水平为0.05。

（十）对自己所处工作环境的评价

笔者以就业者对自己所在单位工作环境的评价为观测变量，以不同受教育程度为控制变量，采用单因素方差分析方法，分析不同受教育程度与就业者对自己所在单位工作环境的评价的关系。

单因素方差分析的零**假设** H_0 在控制变量的不同水平下，各总体均值无显著性差异，即不同受教育程度就业者对自己所在单位工作环境的评价无显著性差异。

表6.19方差分析结果显示，F值17.442对应的概率值为0.000，小于显著性水平，拒绝零假设，认为不同受教育程度就业者对自己所在单位工作环境的评价存在显著性差异。

表6.19　　1993 届毕业生不同受教育程度就业者对自己所在工作环境的评价单因素方差分析

差异源	平方和	自由度	均方	F 值	概率值
组间	49.575	4	12.394	17.442	0.000
组内	233.781	329	0.711		
总数	283.356	333			

笔者将就业者对自己所在单位工作环境的评价分为“非常差”、“较差”、“一般”、“较好”、“很好”五个级别，分别设定为第 1、2、3、4、5 级别。研究发现，中职就业者与高中就业者对自己所在单位工作环境的评价差异显著，前者比后者高 0.731 个级别；与大专和高职就业者对自己所在单位工作环境的评价差异并不显著；显著低于本科就业者、硕士及硕士以上学历就业者的对自己所在单位工作环境的评价，分别低 0.311 个和 0.433 个级别（见表 6.20）。

表6.20　　1993 届毕业生不同受教育程度就业者对自己所在工作环境的评价的多重比较

(I)	(J)	均值差（I－J）	标准误	显著性
中职就业者	高中就业者	0.731*	0.160	0.000
中职就业者	大专和高职就业者	－0.157	0.149	0.293
中职就业者	本科就业者	－0.311*	0.142	0.029
中职就业者	硕士及以上学历就业者	－0.433*	0.181	0.017

注：＊均值差的显著性水平为 0.05。

（十一）工作满意度

笔者以就业者对工作满意度为观测变量，以不同受教育程度为控制变量，采用单因素方差分析方法，分析不同受教育程度与就业者对工作满意度的关系。

单因素方差分析的零**假设** H_0 在控制变量的不同水平下，各总体均值无

显著性差异，即不同受教育程度的就业者对工作满意度无显著性差异。

表6.21方差分析结果显示，F值13.489对应的概率值为0.000，小于显著性水平，拒绝零假设，认为不同受教育程度就业者对工作满意度存在显著性差异。

表6.21　1993届毕业生不同受教育程度就业者对工作的总体满意度单因素方差分析

差异源	平方和	自由度	均方	F值	概率值
组间	36.579	4	9.145	13.489	0.000
组内	223.038	329	0.678		
总数	259.617	333			

笔者将就业者对工作满意度分为完全不满意、不满意、一般、较满意、很满意五个级别，分别设定为第1、2、3、4、5级别。研究发现，中职就业者与高中就业者对工作满意度差异显著，前者比后者多0.509个级别；与大专和高职就业者对工作满意度差异并不显著；显著低于本科就业者、硕士及硕士以上学历就业者的工作满意度，分别低0.359个和0.479个级别（见表6.22）。

表6.22　1993届毕业生不同受教育程度就业者对工作满意度的多重比较

(I)	(J)	均值差（I－J）	标准误	显著性
中职就业者	高中就业者	0.509*	0.156	0.001
中职就业者	大专和高职就业者	－0.275	0.145	0.060
中职就业者	本科就业者	－0.359*	0.139	0.010
中职就业者	硕士及以上学历就业者	－0.479*	0.176	0.007

注：*均值差的显著性水平为0.05。

（十二）目前的离职意愿

笔者以就业者的离职意愿为观测变量，以不同受教育程度为控制变量，采用单因素方差分析方法，分析不同受教育程度与就业者离职意愿的关系。

单因素方差分析的零**假设** H_0 在控制变量的不同水平下，各总体均值无显著性差异，即不同受教育程度的就业者离职意愿无显著性差异。

表6.23方差分析结果显示，F值3.555对应的概率值为0.007，小于显著性水平，拒绝零假设，认为不同受教育程度就业者离职意愿存在显著性差异。

表6.23　1993届毕业生不同受教育程度就业者的离职意愿单因素方差分析

差异源	平方和	自由度	均方	F值	概率值
组间	14.264	4	3.566	3.555	0.007
组内	330.011	329	1.003		
总数	344.275	333			

笔者将就业者的离职意愿从弱至强分5个级别排列，级别1为“我对我的工作很满意，根本没有离职的打算”；级别2为“工作还过得去，暂时不考虑”；级别3为“不确定”；级别4为“一直在寻找机会离开本单位，但没有合适的”；级别5为“即使现在单位不解聘，也打算换一个工作单位”。研究发现，中职就业者与高中就业者的离职意愿差异显著，前者比后者的离职意愿低0.567个级别；与大专和高职就业者、本科就业者、硕士及以上学历就业者的离职意愿不存在显著性差异（见表6.24）。

表6.24　1993届毕业生不同受教育程度就业者的离职意愿的多重比较

(I)	(J)	均值差（I－J）	标准误	显著性
中职就业者	高中就业者	－0.567*	0.190	0.003
中职就业者	大专和高职就业者	－0.174	0.177	0.325
中职就业者	本科就业者	0.001	0.169	0.993
中职就业者	硕士及以上学历就业者	－0.048	0.215	0.822

注：*均值差的显著性水平为0.05。

综上所述，所调查的1993届中等职业教育和普通高中教育毕业生追踪样本中，笔者选取的十二项非货币收益指标均表明，中职就业者的非货币收益高于高中就业者。而且在这十二项指标中，只有“换工作单位数量”、“就业者在单位享受到的福利政策”、“就业者感觉自己在目前单位发展前途的强弱”这三项指标，体现中职就业者的非货币收益显著低于大专和高职就业者、本科就业者、硕士及以上学历就业者的非货币收益。剩下的其他九项指标（“失业时间”、“就业者所在单位对就业者提供的培训机会”、“所在单位的工作环境”、“就业者的工作满意度”、“就业者对待‘在工作过程中能持续不断地学习新东西’这一问题的态度”、“就业者工作时间在一年以下的单位数”、“失业累计次数”、“就业者对自己所在单位管理状况的看法”、“离职意愿”）显示，中职就业者与大专和高职就业者所获得的非货币收益不存在显著差异；并且其中有五项指标（“就业者对待‘在工作过程中能持续不断地学习新东西’这一问题的态度”、“从就业者工作时间在一年以下的单位数”、“失业累计次数”、“就业者对自己所在单位管理状况的看法”、“离职意愿”）显示，中职就业者不仅与大专和高职就业者的非货币收益不存在显著差异，而且与本科就业者的非货币收益不存在显著差异；更有甚者，居然还有四项指标（“就业者工作时间在一年以下的单位数”、“失业累计次数”、“就业者对自己所在单位管理状况的看法”、“离职意愿”）显示，中职就业者不仅与大专和高职就业者、本科就业者的非货币收益不存在显著差异，而且与硕士就业者的非货币收益不存在显著差异。

上述结论表明，20世纪90年代初，我国初中毕业生通过接受中等职业教育，能获得较强的就业优势。与高中就业者相比，能显著提高工作满意度，减少工作时间在一年以下的单位数量，降低失业时间，减少失业次数，降低换工作频数，优化工作环境，在单位能获得更多的培训机会，争取具有挑战性的工作，享受更多的福利政策，促使不同的劳动者与不同的工作相匹配、降低离职意愿。这个结论在一定程度上能够解读20世纪90年代初期出现的优秀初中毕业生竞相报考中专的现象，这个结论也说明，我国受过中等职业教育的劳动者具有较高的操作技能和较强的动手能力，通过职业教育理论和实践相结合的教学方式，学到了一技之长，获得了谋生的本领，从而劳动者的素质和岗位竞争能力得以提高，显示出就业方面的强大优势，从而获得较高的非货币收益。这种造就有一定专业知识和专业特长专门人才的职业教育，大者对发展地方经济，小者对提高劳动者个体素质以及提高普通家庭的生活水平都有着不可估量的作用。

二、中职、高中路径非货币收益分析

上一部分，笔者按不同受教育程度分析了 1993 届中等职业教育和普通高中教育毕业生的非货币收益，得出的结论是中职就业者的非货币收益高于高中就业者。中等职业教育与普通高中教育是高中阶段不同类型的教育，那么，中等职业教育路径与高中教育路径的非货币收益如何呢？这是笔者接下来要探讨的内容。

（一）换工作单位数量

笔者以就业者换工作单位数量为观测变量，以不同受教育类型为控制变量，采用单因素方差分析方法，分析不同受教育类型与就业者换工作单位数量的关系。

单因素方差分析的零**假设** H_0 在控制变量的不同水平下，各总体均值无显著性差异，即不同受教育类型就业者的换工作单位数量无显著性差异。

表 6. 25 方差分析结果显示，F 值 17. 970 对应的概率值为 0. 000，小于显著性水平，拒绝零假设，认为不同受教育类型就业者的换工作单位数量存在显著性差异。通过均值比较笔者发现，中等职业教育路径就业者比普通高中教育路径就业者少换 0. 737 个工作（见表 6. 26）。

表 6. 25　　1993 届毕业生不同受教育类型就业者换工作单位数量单因素方差分析

差异源	平方和	自由度	均方	F 值	概率值
组间	43. 568	1	43. 568	17. 970	0. 000
组内	804. 923	332	2. 424		
总数	848. 491	333			

表 6.26　　1993 届毕业生不同受教育类型就业者换工作单位数量均值比较

类别	可观测数据	均值	标准差
中职路径（I）	134	2.373	1.597
高中路径（J）	200	3.11	1.529
均值差异（I－J）		－0.737	

（二）工作时间在一年以下的单位数量

笔者以就业者工作时间在一年以下的单位数量为观测变量，以不同受教育类型为控制变量，采用单因素方差分析方法，分析不同受教育类型与就业者工作时间在一年以下的单位数量的关系。

单因素方差分析的零**假设 H_0** 在控制变量的不同水平下，各总体均值无显著性差异，即不同受教育类型就业者的工作时间在一年以下的单位数量无显著性差异。

表 6.27 方差分析结果显示，F 值 11.060 对应的概率值为 0.001，小于显著性水平，拒绝零假设，认为不同受教育类型就业者的工作时间在一年以下的单位数量存在显著性差异。通过均值比较笔者发现，中等职业教育路径就业者比普通高中教育路径就业者工作时间在一年以下的单位数量少 0.46 个（见表 6.28）。

表 6.27　　1993 届毕业生不同受教育类型就业者工作时间在一年以下的单位数量单因素方差分析

差异源	平方和	自由度	均方	F 值	概率值
组间	16.957	1	16.957	11.060	0.001
组内	509.022	332	1.533		
总数	525.979	333			

表 6.28　1993 届毕业生不同受教育类型就业者工作时间在一年以下的单位数量均值比较

类别	可观测数据	均值	标准差
中职路径（I）	134	1.440	1.036
高中路径（J）	200	1.9	1.356
均值差异（I-J）		-0.46	

（三）失业累计次数

笔者以就业者失业累计次数为观测变量，以不同受教育类型为控制变量，采用单因素方差分析方法，分析不同受教育类型与就业者失业累计次数的关系。

单因素方差分析的零**假设** H_0 在控制变量的不同水平下，各总体均值无显著性差异，即不同受教育类型的就业者失业累计次数无显著性差异。

表 6.29 方差分析结果显示，F 值 22.722 对应的概率值为 0.000，小于显著性水平，拒绝零假设，认为不同受教育类型的就业者失业累计次数存在显著性差异。并且通过均值比较笔者发现，中等职业教育路径就业者比普通高中教育路径就业者少失业 0.564 次（见表 6.30）。

表 6.29　1993 届毕业生不同受教育类型就业者失业累计次数单因素方差分析

差异源	平方和	自由度	均方	F 值	概率值
组间	25.452	1	25.452	22.722	0.000
组内	371.901	332	1.120		
总数	397.353	333			

表 6.30　1993 届毕业生不同受教育类型就业者失业累计次数均值比较

类别	可观测数据	均值	标准差
中职路径（I）	134	1.141	0.590
高中路径（J）	200	1.705	1.279
均值差异（I-J）		-0.564	

（四）失业时间

笔者将就业者失业时间从少到多分5个级别排列，级别1为失业时间在三个月及以下、级别2为三个月至半年（含半年）、级别3为半年至一年（含1年）、级别4为一年至三年（含3年）、级别5为三年以上。然后，以就业者失业时间为观测变量，以不同受教育类型为控制变量，采用单因素方差分析方法，分析不同受教育类型与就业者失业时间的关系。

单因素方差分析的零**假设 H_0** 在控制变量的不同水平下，各总体均值无显著性差异，即不同受教育类型就业者的失业时间无显著性差异。

表6.31方差分析结果显示，F值13.668对应的概率值为0.000，小于显著性水平，拒绝零假设，认为不同受教育类型就业者的失业时间存在显著性差异。通过均值比较笔者发现，中等职业教育路径就业者比普通高中教育路径就业者失业时间少0.535个级别（见表6.32）。

表6.31 1993届毕业生不同受教育类型就业者失业时间单因素方差分析

差异源	平方和	自由度	均方	F值	概率值
组间	22.890	1	22.890	13.668	0.000
组内	555.996	332	1.675		
总数	578.886	333			

表6.32 1993届毕业生不同受教育类型就业者失业时间均值比较

类别	可观测数据	均值	标准差
中职路径（I）	134	0.320	1.015
高中路径（J）	200	0.855	1.450
均值差异（I－J）		－0.535	

（五）获得的培训机会

笔者以就业者所在单位对就业者提供的培训机会为观测变量，以不同受教育类型为控制变量，采用单因素方差分析方法，分析不同受教育类型与就业者所在单位对就业者提供的培训机会的关系。

单因素方差分析的零**假设** H_0 在控制变量的不同水平下，各总体均值无显著性差异，即不同受教育类型的就业者所在单位对就业者提供的培训机会无显著性差异。

表 6.33 方差分析结果显示，F 值 1.829 对应的概率值为 0.177，大于显著性水平，接受零假设，认为不同受教育类型就业者所在单位对就业者提供的培训机会不存在显著性差异。

表 6.33　　1993 届毕业生不同受教育类型就业者在单位所获得的培训机会单因素方差分析

差异源	平方和	自由度	均方	F 值	概率值
组间	2.362	1	2.362	1.829	0.177
组内	428.791	332	1.292		
总数	431.153	333			

（六）享受的福利政策

笔者调查了就业者是否享受了养老保险、医疗保险、失业保险、生育保险和工伤保险五项福利政策，就业者每拥有一项福利政策就记 1 分。然后，以就业者在单位所享受到的福利政策为观测变量，以不同受教育类型为控制变量，采用单因素方差分析方法，分析不同受教育类型与就业者在单位所享受到的福利政策的关系。

单因素方差分析的零**假设** H_0 在控制变量的不同水平下，各总体均值无显著性差异，即不同受教育类型的就业者在单位所享受到的福利政策无显著性差异。

表 6.34 方差分析结果显示，F 值 9.240 对应的概率值为 0.003，小于显著性水平，拒绝零假设，认为不同受教育类型就业者在单位所享受到的福利政策存在显著性差异。通过均值比较笔者进一步发现，中等职业教育路径就业者比普通高中教育路径就业者在单位所享受的福利政策多 0.701 分（见表 6.35）。

表 6.34　　1993 届毕业生不同受教育类型就业者在单位所享受到的福利政策单因素方差分析

差异源	平方和	自由度	均方	F 值	概率值
组间	39.384	1	39.384	9.240	0.003
组内	1415.110	332	4.262		
总数	1454.494	333			

表 6.35　　1993 届毕业生不同受教育类型就业者享受的福利政策均值比较

类别	可观测数据	均值	标准差
中职路径（I）	134	3.381	1.991
高中路径（J）	200	2.68	2.111
均值差异（I－J）		0.701	

（七）感觉自己在单位是否有发展前途

笔者以就业者“感觉自己在目前单位个人发展前途的强弱”为观测变量，以不同受教育类型为控制变量，采用单因素分析方法，分析不同受教育类型与就业者“感觉自己在目前单位个人发展前途的强弱”的关系。

单因素方差分析的零假设 H_0 在控制变量的不同水平下，各总体均值无显著性差异，即不同受教育类型的就业者“感觉自己在目前单位个人发展前途的强弱”无显著性差异。

表 6.36 方差分析结果显示，F 值 1.394 对应的概率值为 0.239，大于显著性水平，接受零假设，认为不同受教育类型就业者“感觉自己在目前单位个人发展前途的强弱”不存在显著性差异。

表 6.36　　1993 届毕业生不同受教育类型就业者“感觉自己在单位是否有发展前途”单因素方差分析

差异源	平方和	自由度	均方	F 值	概率值
组间	1.181	1	1.181	1.394	0.239
组内	281.408	332	0.848		
总数	282.590	333			

（八）在工作过程中能否持续不断地学习新东西

笔者以被调查者对待“在工作过程中能持续不断地学习新东西”这一问题的态度为观测变量，以不同受教育类型为控制变量，采用单因素方差分析方法，分析不同受教育类型与就业者对待“在工作过程中能持续不断地学习新东西”这一问题态度的关系。

单因素方差分析的零**假设** H_0 在控制变量的不同水平下，各总体均值无显著性差异，即不同受教育类型的就业者对待“在工作过程中能持续不断地学习新东西”这一问题的态度无显著性差异。

表6.37方差分析结果显示，F值1.490对应的概率值为0.223，大于显著性水平，接受零假设，认为不同受教育类型就业者对待“在工作过程中能持续不断地学习新东西”这一问题的态度不存在显著性差异。

表6.37　1993届毕业生不同受教育类型就业者“在工作过程中能否持续不断地学习新东西”单因素方差分析

差异源	平方和	自由度	均方	F值	概率值
组间	1.800	1	1.800	1.490	0.223
组内	401.026	332	1.208		
总数	402.826	333			

（九）对自己所在单位管理状况的评价

笔者以就业者对自己所在单位管理状况的评价为观测变量，以不同受教育类型为控制变量，采用单因素方差分析方法，分析不同受教育类型与就业者对自己所在单位管理状况的评价的关系。

单因素方差分析的零**假设** H_0 在控制变量的不同水平下，各总体均值无显著性差异，即不同受教育类型的就业者对自己所在单位管理状况的评价无显著性差异。

表6.38方差分析结果显示，F值2.231对应的概率值为0.136，大于显著性水平，接受零假设，认为不同受教育类型就业者对自己所在单位管理状

况的评价不存在显著性差异。

表 6.38　　1993 届毕业生不同受教育类型就业者对自己所在单位管理状况的评价单因素方差分析

差异源	平方和	自由度	均方	F 值	概率值
组间	1.554	1	1.554	2.231	0.136
组内	231.263	332	0.697		
总数	232.817	333			

（十）对自己所处工作环境的评价

笔者将就业者对自己所在单位工作环境的评价分为“非常差”、“较差”、“一般”、“较好”、“很好”五个级别，分别设定为第 1、2、3、4、5 级别。然后，以就业者对自己所在单位工作环境的评价为观测变量，以不同受教育类型为控制变量，采用单因素方差分析方法，分析不同受教育类型与就业者对自己所在单位工作环境的评价的关系。

单因素方差分析的零**假设** H_0 在控制变量的不同水平下，各总体均值无显著性差异，即不同受教育类型就业者对自己所在单位工作环境的评价无显著性差异。

表 6.39 方差分析结果显示，F 值 4.025 对应的概率值为 0.046，小于显著性水平，拒绝零假设，认为不同受教育类型就业者对自己所在单位工作环境的评价存在显著性差异。通过均值比较笔者发现，中等职业教育路径就业者比普通高中教育路径就业者对自己所处工作环境的评价高 0.205 个级别（见表 6.40）。

表 6.39　　1993 届毕业生不同受教育类型就业者对自己所处工作环境的评价单因素方差分析

差异源	平方和	自由度	均方	F 值	概率值
组间	3.394	1	3.394	4.025	0.046
组内	279.962	332	0.843		
总数	283.356	333			

表 6.40　　1993 届毕业生不同受教育类型就业者对自己所处工作环境的评价均值比较

类别	可观测数据	均值	标准差
中职路径（I）	134	2.365	0.938
高中路径（J）	200	2.16	0.905
均值差异（I－J）		0.205	

（十一）工作满意度

笔者将就业者的工作满意度分为完全不满意、不满意、一般、较满意、很满意五个级别，分别设定为第 1、2、3、4、5 级别。然后，以就业者的工作满意度为观测变量，以不同受教育类型为控制变量，采用单因素方差分析方法，分析不同受教育类型与就业者工作满意度的关系。

单因素方差分析的零**假设** H_0 在控制变量的不同水平下，各总体均值无显著性差异，即不同受教育类型就业者的工作满意度无显著性差异。

表 6.41 方差分析结果显示，F 值 6.029 对应的概率值为 0.015，小于显著性水平，拒绝零假设，认为不同受教育类型就业者的工作满意度存在显著性差异。通过均值比较笔者发现，中等职业教育路径就业者的工作满意度比普通高中教育路径就业者高 0.24 个级别（见表 6.42）。

表 6.41　　1993 届毕业生不同受教育类型就业者工作满意度单因素方差分析

差异源	平方和	自由度	均方	F 值	概率值
组间	4.630	1	4.630	6.029	0.015
组内	254.986	332	0.768		
总数	259.617	333			

表 6.42　1993 届毕业生不同受教育类型就业者工作满意度均值比较

类别	可观测数据	均值	标准差
中职路径（I）	134	2.455	0.906
高中路径（J）	200	2.215	0.855
均值差异（I－J）		0.24	

（十二）目前的离职意愿

笔者将就业者的离职意愿从弱至强分5个级别排列，级别1为“我对我的工作很满意，根本没有离职的打算”；级别2为“工作还过得去，暂时不考虑”；级别3为“不确定”；级别4为“一直在寻找机会离开本单位，但没有合适的”；级别5为“即使现在单位不解聘，也打算换一个工作单位”。然后，以就业者的离职意愿为观测变量，以不同受教育类型为控制变量，采用单因素方差分析方法，分析不同受教育类型与就业者离职意愿的关系。

单因素方差分析的零**假设** $\mathbf{H_0}$在控制变量的不同水平下，各总体均值无显著性差异，即不同受教育类型的就业者离职意愿无显著性差异。

表6.43方差分析结果显示，F值8.086对应的概率值为0.005，小于显著性水平，拒绝零假设，认为不同受教育类型就业者的离职意愿存在显著性差异。通过均值比较笔者发现，中等职业教育路径就业者比普通高中教育路径就业者的离职意愿低0.319个级别（见表6.44）。

表6.43　　1993届毕业生不同受教育类型就业者的离职意愿单因素方差分析

差异源	平方和	自由度	均方	F值	概率值
组间	8.186	1	8.186	8.086	0.005
组内	336.090	332	1.012		
总数	344.275	333			

表6.44　　不同受教育类型就业者离职意愿均值比较

类别	可观测数据	均值	标准差
中职路径（I）	134	1.881	0.884
高中路径（J）	200	2.2	1.079
均值差异（I－J）		－0.319	

通过上述分析，我们发现，笔者选取的十二项指标中，只有“就业者所在单位对就业者提供的培训机会”、“就业者感觉自己在目前单位发展前途的

强弱”、“就业者对待‘在工作过程中能持续不断地学习新东西’这一问题的态度”、“就业者对自己所在单位管理状况的评价”这四项指标显示，中职路径就业者与普通高中就业者之间不存在显著性差异外，其他八项指标（“换工作单位数量”、“就业者在单位享受到的福利政策”、“失业时间”、“所在单位的工作环境”、“就业者的工作满意度”、“就业者工作时间在一年以下的单位数”、“失业累计次数”、“离职意愿”）均显示，中等职业教育路径就业者所获得的非货币收益显著高于普通高中教育路径就业者所获得的非货币收益。

上述结论进一步证实，20 世纪 90 年代初期，我国初中毕业生通过接受中等职业教育，与接受普通高中教育相比，能显著提高工作满意度，减少工作时间在一年以下的单位数量，降低失业时间，减少失业次数，降低换工作频数，优化工作环境，在单位能获得更多的培训机会，争取具有挑战性的工作，享受更多的福利政策，促使不同的劳动者与不同的工作相匹配、降低离职意愿。这个结论进一步释读了当时出现的优秀初中毕业生竞相报考中专的现象，这个结论也说明，我国接受过中等职业教育的劳动者具有较高的操作技能和较强的动手能力，通过职业教育理论和实践相结合的教学方式，学到了一技之长，获得了谋生的本领，从而劳动者的素质和岗位竞争能力得以提高，显示出就业方面的强大优势，从而获得较高的非货币收益。这种造就有一定专业知识和专业特长专门人才的职业教育，大者对发展地方经济，小者对提高劳动者个体素质以及提高普通家庭的生活水平都有着不可估量的作用。

第二节

中等职业教育个人非货币收益分析

——以 2002 届毕业生为例

一、中职、高中就业者个人非货币收益分析

（一）换工作单位数量

笔者以就业者换工作单位数量为观测变量，以不同受教育程度为控制变

量，采用单因素方差分析方法，分析不同受教育程度与就业者换工作单位数量的关系。

单因素方差分析的零**假设** H_0 在控制变量的不同水平下，各总体均值无显著性差异，即不同受教育程度就业者的换工作单位数量无显著性差异。

表6.45方差分析结果显示，F值20.463对应的概率值为0.000，小于显著性水平，拒绝零假设，认为不同受教育程度就业者的换工作单位数量存在显著性差异。

表6.45　2002届毕业生不同受教育程度换工作单位数量单因素方差分析

差异源	平方和	自由度	均方	F值	概率值
组间	144.332	4	36.083	20.463	0.000
组内	426.721	242	1.763		
总数	571.053	246			

通过多重比较笔者发现，中职就业者与高中就业者、大专和高职就业者换工作数量不存在显著性差异，但与本科就业者、硕士及以上学历就业者换工作数量差异显著，显著高于本科就业者、硕士及以上学历就业者换工作数，分别比本科就业者、硕士及以上学历就业者多换1.117个、2.653个工作（见表6.46）。

表6.46　2002届毕业生不同受教育程度换工作单位数量的多重比较

(I)	(J)	均值差（I－J）	标准误	显著性
中职就业者	高中就业者	－0.458	0.354	0.197
中职就业者	大专和高职就业者	0.411	0.243	0.092
中职就业者	本科就业者	1.117*	0.217	0.000
中职就业者	硕士及以上学历就业者	2.653*	0.354	0.000

注：*均值差的显著性水平为0.05。

（二）工作时间在一年以下的单位数量

笔者以就业者工作时间在一年以下的单位数量为观测变量，以不同受教育程度为控制变量，采用单因素方差分析方法，分析不同受教育程度与就业者工作时间在一年以下的单位数量的关系。

单因素方差分析的零**假设** H_0 在控制变量的不同水平下，各总体均值无显著性差异，即不同受教育程度的就业者工作时间在一年以下的单位数量无显著性差异。

表 6.47 方差分析结果显示，F 值 7.673 对应的概率值为 0.000，小于显著性水平，拒绝零假设，认为不同受教育程度的就业者工作时间在一年以下的单位数量存在显著性差异。

表 6.47　2002 届毕业生不同受教育程度就业者工作时间在一年以下的单位数量单因素方差分析

差异源	平方和	自由度	均方	F 值	概率值
组间	44.574	4	11.143	7.673	0.000
组内	306.422	211	1.452		
总数	350.995	215			

通过多重比较笔者发现，中职就业者与高中就业者、大专和高职就业者工作时间在一年以下的单位数不存在显著性差异；但与本科就业者、硕士及以上学历就业者工作时间在一年以下的单位数差异显著，显著多于本科就业者、硕士及以上学历就业者工作时间在一年以下的单位数，分别多 0.644 个、1.540 个（见表 6.48）。

表 6.48　2002 届毕业生不同受教育程度就业者工作时间在一年以下的单位数量的多重比较

(I)	(J)	均值差（I－J）	标准误	显著性
中职就业者	高中就业者	－0.627	0.322	0.053
中职就业者	大专和高职就业者	0.193	0.230	0.402

续表

(I)	(J)	均值差 (I-J)	标准误	显著性
中职就业者	本科就业者	0.644*	0.205	0.002
中职就业者	硕士及以上学历就业者	1.540*	0.429	0.000

注：* 均值差的显著性水平为 0.05。

(三) 失业累计次数

笔者以就业者失业累计次数为观测变量，以不同受教育程度为控制变量，采用单因素方差分析方法，分析不同受教育程度与就业者失业累计次数的关系。

单因素方差分析的零**假设** H_0 在控制变量的不同水平下，各总体均值无显著性差异，即不同受教育程度的就业者失业累计次数无显著性差异。

表 6.49 方差分析结果显示，F 值 10.146 对应的概率值为 0.000，小于显著性水平，拒绝零假设，认为不同受教育程度的就业者失业累计次数存在显著性差异。

表 6.49　2002 届毕业生不同受教育程度失业累计次数单因素方差分析

差异源	平方和	自由度	均方	F 值	概率值
组间	42.598	4	10.649	10.146	0.000
组内	245.620	234	1.050		
总数	288.218	238			

通过多重比较笔者发现，中职就业者与高中就业者、大专和高职就业者失业累计次数不存在显著性差异；但与本科就业者、硕士及以上学历就业者失业累计次数差异显著，分别比本科就业者和硕士及硕士以上学历就业者的失业累计次数高 0.773 次和 1.145 次（见表 6.50）。

表 6.50　2002 届毕业生不同受教育程度失业累计次数的多重比较

(I)	(J)	均值差 (I-J)	标准误	显著性
中职就业者	高中就业者	-0.355	0.274	0.197
中职就业者	大专和高职就业者	0.367	0.191	0.055

续表

(I)	(J)	均值差（I－J）	标准误	显著性
中职就业者	本科就业者	0.773*	0.171	0.000
中职就业者	硕士及以上学历就业者	1.145*	0.269	0.000

注：*均值差的显著性水平为0.05。

（四）失业时间

笔者以就业者失业时间为观测变量，以不同受教育程度为控制变量，采用单因素方差分析方法，分析不同受教育程度与就业者的失业时间的关系。

单因素方差分析的零假设 H_0 在控制变量的不同水平下，各总体均值无显著性差异，即不同受教育程度的就业者失业时间无显著性差异。

表6.51方差分析结果显示，F值3.907对应的概率值为0.011，小于显著性水平，拒绝零假设，认为不同受教育程度的就业者失业时间存在显著性差异。

表6.51　2002届毕业生不同受教育程度就业者失业时间单因素方差分析

差异源	平方和	自由度	均方	F值	概率值
组间	11.508	3	3.836	3.907	0.011
组内	87.395	89	0.982		
总数	98.903	92			

笔者将就业者失业时间从少到多分5个级别排列，级别1为失业时间在三个月及以下、级别2为三个月至半年（含半年）、级别3为半年至一年（含1年）、级别4为一年至三年（含3年）、级别5为三年以上。研究发现，中职就业者与高中就业者、大专和高职就业者失业时间差异并不显著；但显著高于本科就业者的失业时间，高0.567个级别；被调查的硕士及以上学历就业者没有失业（见表6.52）。

表 6.52　2002 届毕业生不同受教育程度就业者失业时间的多重比较

(I)	(J)	均值差（I－J）	标准误	显著性
中职就业者	高中就业者	－0.476	0.321	0.141
中职就业者	大专和高职就业者	0.443	0.265	0.097
中职就业者	本科就业者	0.567*	0.272	0.040

注：＊均值差的显著性水平为 0.05。

（五）就业者在单位获得的培训机会

笔者以就业者在单位获得的培训机会为观测变量，以不同受教育程度为控制变量，采用单因素方差分析方法，分析不同受教育程度与就业者在单位获得的培训机会的关系。

单因素方差分析的零**假设** H_0 在控制变量的不同水平下，各总体均值无显著性差异，即不同受教育程度的就业者在单位获得的培训机会无显著性差异。

表 6.53 方差分析结果显示，F 值 16.771 对应的概率值为 0.000，小于显著性水平，拒绝零假设，认为不同受教育程度就业者在单位获得的培训机会存在显著性差异。

表 6.53　2002 届毕业生不同受教育程度就业者获得的培训机会单因素方差分析

差异源	平方和	自由度	均方	F 值	概率值
组间	73.437	4	18.359	16.771	0.000
组内	231.073	242	0.955		
总数	304.510	246			

笔者将就业者在单位获得的培训机会分为"完全没有或者基本没有"、"比较少"、"一般"、"比较多"、"相当多"五个级别，分别设定为第 1、2、3、4、5 级别。通过多重比较笔者发现，中职就业者与高中就业者获得的培训机会不存在差异显著；显著低于大专和高职就业者、本科就业者、硕士及

硕士以上学历就业者的培训机会，分别低0.456个、1.053个和1.785个级别，见表6.54。

表6.54　　2002届毕业生不同受教育程度就业者获得的培训机会的多重比较

(I)	(J)	均值差（I－J）	标准误	显著性
中职就业者	高中就业者	－0.095	0.261	0.716
中职就业者	大专和高职就业者	－0.456*	0.179	0.012
中职就业者	本科就业者	－1.053*	0.160	0.000
中职就业者	硕士及以上学历就业者	－1.785*	0.256	0.000

注：* 均值差的显著性水平为0.05。

（六）就业者在单位所享受到的福利政策

笔者以就业者在单位所享受到的福利政策为观测变量，以不同受教育程度为控制变量，采用单因素方差分析方法，分析不同受教育程度与就业者在单位所享受到的福利政策的关系。

单因素方差分析的零**假设** H_0 在控制变量的不同水平下，各总体均值无显著性差异，即不同受教育程度的就业者在单位所享受到的福利政策无显著性差异。

表6.55方差分析结果显示，F值14.033对应的概率值为0.000，小于显著性水平，拒绝零假设，认为不同受教育程度就业者在单位所享受到的福利政策存在显著性差异。

表6.55　　2002届毕业生不同受教育程度就业者在单位所享受到的福利政策单因素方差分析

差异源	平方和	自由度	均方	F值	概率值
组间	77.944	4	19.486	14.033	0.000
组内	227.725	164	1.389		
总数	305.669	168			

笔者调查了就业者是否享受了免费健康体检、带薪假期、养老保险、失业保险、医疗保险五项福利政策，就业者每拥有一项福利政策就记 1 分。通过多重比较笔者发现，中职就业者与高中就业者、大专和高职就业者所享受到的福利政策不存在显著性差异；但显著少于本科就业者、硕士及以上学历就业者在单位所享受到的福利政策，分别比本科就业者、硕士及以上学历就业者在单位所享受到的福利政策少 0. 674 分、0. 995 分（见表 6. 56）。

表 6. 56　2002 届毕业生不同受教育程度就业者在单位所享受到的福利政策的多重比较

(I)	(J)	均值差（I - J)	标准误	显著性
中职就业者	高中就业者	1. 779	0. 511	0. 051
中职就业者	大专和高职就业者	0. 548	0. 322	0. 091
中职就业者	本科就业者	- 0. 674 *	0. 281	0. 018
中职就业者	硕士及以上学历就业者	- 0. 995 *	0. 369	0. 008

注：* 均值差的显著性水平为 0. 05。

（七）就业者感觉自己在单位是否有发展前途

笔者以就业者“感觉自己在目前单位个人发展前途的强弱”为观测变量，以不同受教育程度为控制变量，采用单因素分析方法，分析不同受教育程度与就业者“感觉自己在目前单位个人发展前途的强弱”的关系。

单因素方差分析的零**假设** $\mathbf{H_0}$ 在控制变量的不同水平下，各总体均值无显著性差异，即不同受教育程度的就业者“感觉自己在目前单位个人发展前途的强弱”无显著性差异。

表 6. 57 方差分析结果显示，F 值 19. 526 对应的概率值为 0. 000，小于显著性水平，拒绝零假设，认为不同受教育程度就业者“感觉自己在目前单位个人发展前途的强弱”存在显著性差异。

表 6.57　　2002 届毕业生不同受教育程度就业者“感觉自己在目前单位个人发展前途的强弱”单因素方差分析

差异源	平方和	自由度	均方	F 值	概率值
组间	53.588	4	13.397	19.526	0.000
组内	161.922	236	0.686		
总数	215.510	240			

笔者将就业者“感觉自己在目前单位个人发展前途的强弱”从弱到强分 5 个级别排列，级别 1 为“根本没有前途”、级别 2 为“没有前途”、级别 3 为“说不准”、级别 4 为“有前途”、级别 5 为“很有前途”。通过多重比较笔者发现，中职就业者与高中就业者“感觉自己在目前单位个人发展前途的强弱”不存在显著性差异；但与大专和高职就业者、本科就业者、硕士及硕士以上学历就业者差异显著，分别低 0.460 个、1.065 个、1.071 个级别（见表 6.58）。

表 6.58　　2002 届毕业生不同受教育程度就业者“感觉自己在目前单位个人发展前途的强弱”的多重比较

(I)	(J)	均值差（I－J）	标准误	显著性
中职就业者	高中就业者	0.010	0.226	0.964
中职就业者	大专和高职就业者	－0.460*	0.155	0.003
中职就业者	本科就业者	－1.065*	0.136	0.000
中职就业者	硕士及以上学历就业者	－1.071*	0.221	0.000

注：* 均值差的显著性水平为 0.05。

（八）在工作过程中能否持续不断地学习新东西

笔者以被调查者对待“在工作过程中能持续不断地学习新东西”这一问题的态度为观测变量，以不同受教育程度为控制变量，采用单因素方差分析方法，分析不同受教育程度与就业者对待“在工作过程中能持续不断地学习新东西”这一问题态度的关系。

单因素方差分析的零**假设** H_0 在控制变量的不同水平下，各总体均值无显著性差异，即不同受教育程度的就业者对待“在工作过程中能持续不断地学习新东西”这一问题的态度无显著性差异。

表 6.59 方差分析结果显示，F 值 19.872 对应的概率值为 0.000，小于显著性水平，拒绝零假设，认为不同受教育程度就业者对待“在工作过程中能持续不断地学习新东西”这一问题的态度存在显著性差异。

表 6.59　2002 届毕业生不同受教育程度就业者对待“在工作过程中能持续不断地学习新东西”这一问题的态度单因素方差分析

差异源	平方和	自由度	均方	F 值	概率值
组间	67.636	4	16.909	19.872	0.000
组内	199.964	235	0.851		
总数	267.600	239			

笔者将就业者对待“在工作过程中能持续不断地学习新东西”这一问题的态度分 5 个级别排列，级别 1 为“完全不同意”、级别 2 为“不太同意”、级别 3 为“一般”、级别 4 为“比较同意”、级别 5 为“非常同意”。通过多重比较笔者发现，中职就业者与高中就业者对待“在工作过程中能持续不断地学习新东西”这一问题的态度不存在显著性差异；但与大专和高职就业者、本科就业者、硕士及以上学历就业者差异显著，分别低 0.740 个、1.171 个、1.103 个级别（见表 6.60）。

表 6.60　2002 届毕业生不同受教育程度就业者对待“在工作过程中能持续不断地学习新东西”这一问题态度的多重比较

(I)	(J)	均值差（I－J）	标准误	显著性
中职就业者	高中就业者	0.201	0.252	0.427
中职就业者	大专和高职就业者	－0.740*	0.174	0.000
中职就业者	本科就业者	－1.171*	0.151	0.000
中职就业者	硕士及以上学历就业者	－1.103*	0.247	0.000

注：* 均值差的显著性水平为 0.05。

（九）就业者对自己所在单位管理状况的评价

笔者以就业者对自己所在单位管理状况的评价为观测变量，以不同受教育程度为控制变量，采用单因素方差分析方法，分析不同受教育程度与就业者对自己所在单位管理状况的评价的关系。

单因素方差分析的零**假设** H_0 在控制变量的不同水平下，各总体均值无显著性差异，即不同受教育程度的就业者对自己所在单位管理状况的评价无显著性差异。

表 6.61 方差分析结果显示，F 值 15.143 对应的概率值为 0.000，小于显著性水平，拒绝零假设，认为不同受教育程度就业者对自己所在单位管理状况的评价存在显著性差异。

表 6.61　2002 届毕业生不同受教育程度就业者对自己所在单位管理状况的评价单因素方差分析

差异源	平方和	自由度	均方	F 值	概率值
组间	42.647	4	10.662	15.143	0.000
组内	164.751	234	0.704		
总数	207.397	238			

笔者将就业者对自己所在单位管理状况的评价分为“非常差”、“较差”、“一般”、“较好”、“非常好”五个级别，分别设定为第 1、2、3、4、5 分级别。通过多重比较笔者发现，中职就业者与高中就业者、大专和高职就业者对自己所在单位管理状况的评价差异并不显著；但显著低于本科就业者、硕士及硕士以上学历就业者对自己所在单位管理状况的评价，分别低 0.875 个、1.063 个级别（见表 6.62）。

表 6.62　2002 届毕业生不同受教育程度就业者对自己所在单位管理状况评价的多重比较

(I)	(J)	均值差（I－J）	标准误	显著性
中职就业者	高中就业者	－0.162	0.229	0.482
中职就业者	大专和高职就业者	－0.122	0.158	0.440

续表

(I)	(J)	均值差（I－J）	标准误	显著性
中职就业者	本科就业者	－0.875*	0.138	0.000
中职就业者	硕士及以上学历就业者	－1.063*	0.224	0.000

注：＊均值差的显著性水平为0.05。

（十）就业者对自己所处工作环境的评价

笔者以就业者对自己所在单位工作环境的评价为观测变量，以不同受教育程度为控制变量，采用单因素方差分析方法，分析不同受教育程度与就业者对自己所在单位工作环境的评价的关系。

单因素方差分析的零**假设** $\mathbf{H_0}$ 在控制变量的不同水平下，各总体均值无显著性差异，即不同受教育程度就业者对自己所在单位工作环境的评价无显著性差异。

表6.63方差分析结果显示，F值20.303对应的概率值为0.000，小于显著性水平，拒绝零假设，认为不同受教育程度就业者对自己所在单位工作环境的评价存在显著性差异。

表6.63　　2002届毕业生不同受教育程度就业者对自己所在工作环境的评价单因素方差分析

差异源	平方和	自由度	均方	F值	概率值
组间	54.547	4	13.637	20.303	0.000
组内	158.515	236	0.672		
总数	213.062	240			

笔者将就业者对自己所在单位工作环境的评价分为“非常差”、“较差”、“一般”、“较好”、“很好”五个级别，分别设定为第1、2、3、4、5级别。研究发现，中职就业者与高中就业者对自己所在单位工作环境的评价不存在显著性差异；但显著低于大专和高职就业者、本科就业者、硕士及以上学历就业者的对自己所在单位工作环境的评价，分别低0.408个、0.902

个和1.310个级别（见表6.64）。

表6.64　　2002届毕业生不同受教育程度就业者对自己所在工作环境的评价的多重比较

(I)	(J)	均值差（I－J）	标准误	显著性
中职就业者	高中就业者	0.334	0.224	0.137
中职就业者	大专和高职就业者	-0.408*	0.154	0.008
中职就业者	本科就业者	-0.902*	0.134	0.000
中职就业者	硕士及以上学历就业者	-1.310*	0.219	0.000

注：* 均值差的显著性水平为0.05。

（十一）工作满意度

笔者以就业者的工作满意度为观测变量，以不同受教育程度为控制变量，采用单因素方差分析方法，分析不同受教育程度与就业者工作满意度的关系。

单因素方差分析的**零假设 H_0** 在控制变量的不同水平下，各总体均值无显著性差异，即不同受教育程度的就业者的工作满意度无显著性差异。

表6.65方差分析结果显示，F值25.933对应的概率值为0.000，小于显著性水平，拒绝零假设，认为不同受教育程度就业者的工作满意度存在显著性差异。

表6.65　　2002届毕业生不同受教育程度就业者的工作满意度单因素方差分析

差异源	平方和	自由度	均方	F值	概率值
组间	45.144	4	11.286	25.933	0.000
组内	101.836	234	0.435		
总数	146.979	238			

笔者将就业者的工作满意度分为完全不满意、不满意、一般、较满意、

很满意五个级别，分别设定为第1、2、3、4、5级别。研究发现，中职就业者与高中就业者的工作满意度并不存在显著性差异；但显著低于大专和高职就业者、本科就业者、硕士及硕士以上学历就业者的工作满意度，分别低0.479个、0.859个和1.270个级别（见表6.66）。

表6.66　　2002届毕业生不同受教育程度就业者工作满意度的多重比较

(I)	(J)	均值差（I-J）	标准误	显著性
中职就业者	高中就业者	0.148	0.180	0.411
中职就业者	大专和高职就业者	-0.479*	0.124	0.000
中职就业者	本科就业者	-0.859*	0.108	0.000
中职就业者	硕士及以上学历就业者	-1.270*	0.176	0.000

注：*均值差的显著性水平为0.05。

（十二）目前的离职意愿

笔者以就业者的离职意愿为观测变量，以不同受教育程度为控制变量，采用单因素方差分析方法，分析不同受教育程度与就业者离职意愿的关系。

单因素方差分析的零**假设** H_0 在控制变量的不同水平下，各总体均值无显著性差异，即不同受教育程度的就业者离职意愿无显著性差异。

表6.67方差分析结果显示，F值16.142对应的概率值为0.000，小于显著性水平，拒绝零假设，认为不同受教育程度就业者离职意愿存在显著性差异。

表6.67　　2002届毕业生不同受教育程度就业者的离职意愿单因素方差分析

差异源	平方和	自由度	均方	F值	概率值
组间	52.028	4	13.007	16.142	0.000
组内	185.333	230	0.806		
总数	237.362	234			

笔者将就业者的离职意愿从弱至强分5个级别排列，级别1为“我对我的工作很满意，根本没有离职的打算”；级别2为“工作还过得去，暂时不考虑”；级别3为“不确定”；级别4为“一直在寻找机会离开本单位，但没有合适的”；级别5为“即使现在单位不解聘，也打算换一个工作单位”。研究发现，中职就业者与高中就业者的离职意愿不存在显著性差异；但显著高于大专和高职就业者、本科就业者、硕士及以上学历就业者的离职意愿，分别高0.406个、0.826个和1.108个级别（见表6.68）。

表6.68　2002届毕业生不同受教育程度就业者的离职意愿的多重比较

(I)	(J)	均值差（I－J）	标准误	显著性
中职就业者	高中就业者	－0.649	0.252	0.051
中职就业者	大专和高职就业者	0.406*	0.171	0.018
中职就业者	本科就业者	0.826*	0.148	0.000
中职就业者	硕士及以上学历就业者	1.108*	0.246	0.000

注：*均值差的显著性水平为0.05。

（十三）就业者每天抽烟数

笔者以就业者的每天抽烟数为观测变量，以不同受教育程度为控制变量，采用单因素方差分析方法，分析不同受教育程度与就业者每天抽烟数的关系。

单因素方差分析的零假设 H_0 在控制变量的不同水平下，各总体均值无显著性差异，即不同受教育程度就业者的每天抽烟数无显著性差异。

表6.69方差分析结果显示，F值4.371对应的概率值为0.000，小于显著性水平，拒绝零假设，认为不同受教育程度就业者每天抽烟数存在显著性差异。

表6.69　2002届毕业生不同受教育程度就业者的每天抽烟数单因素方差分析

差异源	平方和	自由度	均方	F值	概率值
组间	1490.751	4	372.688	4.371	0.002
组内	18757.089	220	85.259		

续表

差异源	平方和	自由度	均方	F 值	概率值
总数	20247.840	224			

通过多重比较笔者发现，中职就业者与高中就业者每天抽烟数不存在显著性差异；但与大专和高职就业者、本科就业者、硕士及以上学历就业者每天抽烟数差异显著，分别比大专和高职就业者、本科就业者和硕士及硕士以上学历就业者的每天多抽烟4.197根、5.243根和6.947根（见表6.70）。

表6.70　2002届毕业生不同受教育程度每天抽烟数的多重比较

(I)	(J)	均值差（I－J）	标准误	显著性
中职就业者	高中就业者	－0.807	2.531	0.750
中职就业者	大专和高职就业者	4.197*	1.838	0.023
中职就业者	本科就业者	5.243*	1.635	0.002
中职就业者	硕士及以上学历就业者	6.947*	2.394	0.004

注：*均值差的显著性水平为0.05。

（十四）就业者的孩子个数

笔者以就业者的孩子个数为观测变量，以不同受教育程度为控制变量，采用单因素方差分析方法，分析不同受教育程度与就业者的孩子个数的关系。

单因素方差分析的零**假设** H_0 在控制变量的不同水平下，各总体均值无显著性差异，即不同受教育程度的就业者的孩子个数无显著性差异。

表6.71方差分析结果显示，F值15.945对应的概率值为0.000，小于显著性水平，拒绝零假设，认为不同受教育程度就业者的孩子个数存在显著性差异。

表 6.71　　2002 届毕业生不同受教育程度就业者的孩子个数单因素方差分析

差异源	平方和	自由度	均方	F 值	概率值
组间	21.127	4	5.282	15.945	0.000
组内	72.873	220	0.331		
总数	94.000	224			

通过多重比较笔者发现，中职就业者与高中就业者、大专和高职就业者的孩子个数不存在显著性差异；但与本科就业者、硕士及以上学历就业者孩子个数差异显著，分别比本科就业者和硕士及硕士以上学历就业者的孩子个数多 0.522 个和 0.756 个（见表 6.72）。

表 6.72　　2002 届毕业生不同受教育程度就业者孩子个数的多重比较

(I)	(J)	均值差（I-J）	标准误	显著性
中职就业者	高中就业者	-0.307	0.158	0.053
中职就业者	大专和高职就业者	0.124	0.115	0.280
中职就业者	本科就业者	0.522*	0.102	0.000
中职就业者	硕士及以上学历就业者	0.756*	0.149	0.000

注：* 均值差的显著性水平为 0.05。

（十五）就业者的男孩个数

笔者以就业者的男孩个数为观测变量，以不同受教育程度为控制变量，采用单因素方差分析方法，分析不同受教育程度与就业者的男孩个数的关系。

单因素方差分析的零假设 H_0 在控制变量的不同水平下，各总体均值无显著性差异，即不同受教育程度的就业者的男孩个数无显著性差异。

表 6.73 方差分析结果显示，F 值 7.517 对应的概率值为 0.000，小于显著性水平，拒绝零假设，认为不同受教育程度就业者的男孩个数存在显著性差异。

表 6.73　2002 届毕业生不同受教育程度就业者的男孩个数单因素方差分析

差异源	平方和	自由度	均方	F 值	概率值
组间	6.260	4	1.565	7.517	0.000
组内	45.802	220	0.208		
总数	52.062	224			

通过多重比较笔者发现，中职就业者与高中就业者、大专和高职就业者的男孩个数不存在显著性差异；但与本科就业者、硕士及以上学历就业者男孩个数差异显著，分别比本科就业者和硕士及硕士以上学历就业者的男孩个数多 0.200 个和 0.305 个（见表 6.74）。

表 6.74　2002 届毕业生不同受教育程度就业者男孩个数的多重比较

(I)	(J)	均值差（I－J）	标准误	显著性
中职就业者	高中就业者	－0.369	0.105	0.053
中职就业者	大专和高职就业者	0.133	0.091	0.145
中职就业者	本科就业者	0.200*	0.081	0.014
中职就业者	硕士及以上学历就业者	0.305*	0.118	0.011

注：* 均值差的显著性水平为 0.05。

综上所述，就所调查的 2002 届中等职业教育和普通高中教育毕业生追踪样本来看，笔者选取的十五项指标中，所有指标都表明中职就业者与高中就业者的非货币收益不存在显著差异。更有甚者，这十五项指标中，有八项指标（就业者换工作数量、就业者工作时间在一年以下的单位数、失业累计次数、失业时间、就业者在单位享受到的福利政策、对自己所在单位管理状况的评价、就业者的孩子个数以及就业者的男孩个数）显示，中职就业者不仅与高中就业者的非货币收益不存在显著差异，而且与大专和高职就业者的非货币收益亦不存在显著差异。

上述结论表明，21 世纪初期，我国中职学生通过三年的专业学习，居然与高考落榜、毫无专业技能的高中毕业生所获得非货币收益基本相同，显著低于本科就业者和硕士及以上学历就业者的非货币收益。这一结论与笔者对1993届中职毕业生非货币收益做研究所得出的结论形成鲜明对比，1993届中职就业者获得的非货币收益显著高于高中就业者，中职就业者在单位享受到的福利政策、对自己单位管理状况的评价、获得的培训机会、对自己所在单位工作环境的评价等都优于高中就业者。

一般地，受过中职教育的劳动者相对于高考落榜生来说，三年的专业学习应该使中职就业者具有较高的操作技能和较强的动手能力，通过职业教育理论和实践相结合的教学方式系统学习，能学到一技之长，获得谋生的本领，从而劳动者的素质和岗位竞争能力得以提高，显示出就业方面的强大优势，从而获得较高的非货币收益。但事与愿违。这一结论让笔者不得不为目前我国中等职业教育的发展担忧：现阶段我国中等职业教育的专业结构布局是否合理，是否适应区域经济和社会发展需要？教学条件、设备设施是否优越，是否满足教学的需要？中等职业学校教师的积极性和主动性是否被充分调动，“双师型”教育是否充足，是否建立了完善的师资培训体系和培训制度？现实的教学条件与理想的教学条件还有多大差距？中等职业教育连年来的扩招是否会使本来生均教育资源占有量很少的中职教育出现生均教育资源占有量进一步走低？等等。如果本应造就有一定专业知识、专业特长和专门人才的职业教育没有达到预期的目的，那无论是政策制定者还是学校管理者均应该对上述问题做深入思考，如果一味地扩招、保量而不保质，那么，出现中职学生通过三年的专业学习，居然与高考落榜、毫无专业技能的高中毕业生所获得非货币收益基本相同这种状况，实际上是教育资源的浪费和效率低下。

2002届毕业生的非货币收益还显示，十五项指标中，有八项指标表明，中职就业者不仅与高中就业者的非货币收益不存在显著性差异，而且与大专和高职就业者的非货币收益亦不存在显著性差异。笔者在第五章分析中还发现，2002届毕业生中，中职就业者不仅与高中就业者的货币收益不存在显著性差异，而且与高职就业者之间货币收益也不存在显著差异。这一结论进一步让笔者思索目前我国职业教育质量问题，按理说，旨在培养人的技能技巧的职业教育应该能使接受职业教育的学生在学习期间，动手能力得到大幅度提高，从而显示出就业方面的强大优势，然而，事与愿违，无论是货币收益还是非货币收益分析告诉我们，中职就业者、高职就业者居然与高中就业者的个人收益不存在显著差异。

二、中职、高中路径非货币收益分析

（一）换工作单位数量

笔者以就业者换工作单位数量为观测变量，以不同受教育类型为控制变量，采用单因素方差分析方法，分析不同受教育类型与就业者换工作单位数量的关系。

单因素方差分析的零**假设 H_0** 在控制变量的不同水平下，各总体均值无显著性差异，即不同受教育类型就业者的换工作单位数量无显著性差异。

表 6.75 方差分析结果显示，F 值 16.01 对应的概率值为 0.000，小于显著性水平，拒绝零假设，认为不同受教育类型就业者的换工作单位数量存在显著性差异。通过均值比较笔者发现，中等职业教育路径就业者比普通高中教育路径就业者多换 0.755 个工作（见表 6.76）。

表 6.75　2002 届毕业生不同受教育类型就业者换工作单位数量单因素方差分析

差异源	平方和	自由度	均方	F 值	概率值
组间	34.92	1	34.92	16.01	0.000
组内	536.74	246	2.18		
总数	571.67	247			

表 6.76　2002 届毕业生不同受教育类型就业者换工作单位数量均值比较

类别	可观测数据	均值	标准差
中职路径（I）	112	3.630	1.420
高中路径（J）	141	2.875	1.521
均值差异（I－J）		0.755	

（二）工作时间在一年以下的单位数量

笔者以就业者工作时间在一年以下的单位数量为观测变量，以不同受教育类型为控制变量，采用单因素方差分析方法，分析不同受教育类型与就业者工作时间在一年以下的单位数量的关系。

单因素方差分析的零**假设 H_0** 在控制变量的不同水平下，各总体均值无显著性差异，即不同受教育类型就业者的工作时间在一年以下的单位数量无显著性差异。

表 6.77 方差分析结果显示，F 值 2.87 对应的概率值为 0.016，小于显著性水平，拒绝零假设，认为不同受教育类型就业者的工作时间在一年以下的单位数量存在显著性差异。通过均值比较笔者发现，中等职业教育路径就业者比普通高中教育路径就业者工作时间在一年以下的单位数量多 0.293 个（见表 6.78）。

表 6.77　　2002 届毕业生不同受教育类型就业者工作时间在一年以下的单位数量单因素方差分析

差异源	平方和	自由度	均方	F 值	概率值
组间	4.64	1	4.64	2.87	0.016
组内	347.91	215	1.61		
总数	352.56	216			

表 6.78　　2002 届毕业生不同受教育类型就业者工作时间在一年以下的单位数量均值比较

类别	可观测数据	均值	标准差
中职路径（I）	112	2.394	1.340
高中路径（J）	141	2.101	1.199
均值差异（I－J）		0.293	

（三）失业累计次数

笔者以就业者失业累计次数为观测变量，以不同受教育类型为控制变量，采用单因素方差分析方法，分析不同受教育类型与就业者失业累计次数的关系。

单因素方差分析的零**假设** H_0 在控制变量的不同水平下，各总体均值无显著性差异，即不同受教育类型的就业者失业累计次数无显著性差异。

表 6. 79 方差分析结果显示，F 值 13. 50 对应的概率值为 0. 000，小于显著性水平，拒绝零假设，认为不同受教育类型的就业者失业累计次数存在显著性差异。并且通过均值比较笔者发现，中等职业教育路径就业者比普通高中教育路径就业者多失业 0. 512 次（见表 6. 80）。

表 6. 79　2002 届毕业生不同受教育类型就业者失业累计次数单因素方差分析

差异源	平方和	自由度	均方	F 值	概率值
组间	15. 50	1	15. 50	13. 50	0. 000
组内	273. 23	238	1. 14		
总数	288. 73	239			

表 6. 80　2002 届毕业生不同受教育类型就业者失业累计次数均值比较

类别	可观测数据	均值	标准差
中职路径（I）	112	2	1. 243
高中路径（J）	141	1. 488	0. 909
均值差异（I－J）		0. 512	

（四）失业时间

笔者将就业者失业时间从少到多分 5 个级别排列，级别 1 为失业时间在三个月及以下、级别 2 为三个月至半年（含半年）、级别 3 为半年至一年（含一年）、级别 4 为一年至三年（含三年）、级别 5 为三年以上。然后，以就业者失业时间为观测变量，以不同受教育类型为控制变量，采用单因素方差分析方法，分析不同受教育类型与就业者失业时间的关系。

单因素方差分析的零**假设** H_0 在控制变量的不同水平下，各总体均值无显著性差异，即不同受教育类型就业者的失业时间无显著性差异。

表6.81方差分析结果显示，F值11.36对应的概率值为0.017，小于显著性水平，拒绝零假设，认为不同受教育类型就业者的失业时间存在显著性差异。通过均值比较笔者发现，中等职业教育路径就业者比普通高中教育路径就业者失业时间多0.254个级别（见表6.82）。

表6.81　　2002届毕业生不同受教育类型就业者失业时间单因素方差分析

差异源	平方和	自由度	均方	F值	概率值
组间	1.455	1	1.455	11.36	0.017
组内	97.44	91	1.070		
总数	98.90	92			

表6.82　　2002届毕业生不同受教育类型就业者失业时间均值比较

类别	可观测数据	均值	标准差
中职路径（I）	112	2.074	1.043
高中路径（J）	141	1.820	1.022
均值差异（I－J）		0.254	

（五）获得的培训机会

笔者以就业者所在单位对就业者提供的培训机会为观测变量，以不同受教育类型为控制变量，采用单因素方差分析方法，分析不同受教育类型与就业者所在单位对就业者提供的培训机会的关系。

单因素方差分析的零**假设** H_0 在控制变量的不同水平下，各总体均值无显著性差异，即不同受教育类型的就业者所在单位对就业者提供的培训机会无显著性差异。

表6.83方差分析结果显示，F值21.86对应的概率值为0.000，小于显著性水平，拒绝零假设，认为不同受教育类型就业者所在单位对就业者提供的培训机会存在显著性差异。笔者将就业者在单位获得的培训机会分为“完全没有或者基本没有”、“比较少”、“一般”、“比较多”、“相当多”五个级别，分别设定为第1、2、3、4、5级别。通过均值比较笔者发现，中等职业教育路径就业者比普通高中教育就业者路径就业者获得的培训机会少0.638个级别（见表6.84）。

表6.83　2002届毕业生不同受教育类型就业者在单位所获得的培训机会单因素方差分析

差异源	平方和	自由度	均方	F值	概率值
组间	24.869	1	24.869	21.86	0.000
组内	279.823	246	1.137		
总数	304.693	247			

表6.84　2002届毕业生不同受教育类型就业者获得的培训机会均值比较

类别	可观测数据	均值	标准差
中职路径（I）	112	2.072	1.089
高中路径（J）	141	2.710	1.047
均值差异（I－J）		－0.638	

（六）享受的福利政策

笔者调查了就业者是否享受了养老保险、医疗保险、失业保险、生育保险和工伤保险五项福利政策，就业者每拥有一项福利政策就记1分。然后，以就业者在单位所享受到的福利政策为观测变量，以不同受教育类型为控制变量，采用单因素方差分析方法，分析不同受教育类型与就业者在单位所享受到的福利政策的关系。

单因素方差分析的零**假设** H_0 在控制变量的不同水平下，各总体均值无

显著性差异，即不同受教育类型的就业者在单位所享受到的福利政策无显著性差异。

表6.85方差分析结果显示，F值11.89对应的概率值为0.006，小于显著性水平，拒绝零假设，认为不同受教育类型就业者在单位所享受到的福利政策存在显著性差异。通过均值比较笔者进一步发现，中等职业教育路径就业者比普通高中教育路径就业者在单位所享受的福利政策少0.308分（见表6.86）。

表6.85　2002届毕业生不同受教育类型就业者在单位所享受到的福利政策单因素方差分析

差异源	平方和	自由度	均方	F值	概率值
组间	3.417	1	3.417	11.89	0.006
组内	303.076	168	1.804		
总数	306.494	169			

表6.86　2002届毕业生不同受教育类型就业者享受的福利政策均值比较

类别	可观测数据	均值	标准差
中职路径（I）	112	3.692	1.448
高中路径（J）	141	4	1.294
均值差异（I-J）		-0.308	

（七）感觉自己在单位是否有发展前途

笔者以就业者“感觉自己在目前单位个人发展前途的强弱”为观测变量，以不同受教育类型为控制变量，采用单因素分析方法，分析不同受教育类型与就业者“感觉自己在目前单位个人发展前途的强弱”的关系。

单因素方差分析的零假设 H_0 在控制变量的不同水平下，各总体均值无显著性差异，即不同受教育类型的就业者“感觉自己在目前单位个人发展前途的强弱”无显著性差异。

表6.87方差分析结果显示，F值35.72对应的概率值为0.000，小于显著性水平，接受零假设，认为不同受教育类型就业者“感觉自己在目前单位个人发展前途的强弱”存在显著性差异。笔者将就业者“感觉自己在目前单位个人发展前途的强弱”从弱到强分5个级别排列，级别1为“根本没有前途”、级别2为“没有前途”、级别3为“说不准”、级别4为“有前途”、级别5为“很有前途”。通过均值比较笔者进一步发现，中等职业教育路径就业者比普通高中教育路径就业者在“感觉自己在单位是否有发展前途”这一问题上低0.684个级别（见表6.88）。

表6.87　2002届毕业生不同受教育类型就业者“感觉自己在单位是否有发展前途”单因素方差分析

差异源	平方和	自由度	均方	F值	概率值
组间	27.918	1	27.918	35.72	0.000
组内	187.606	240	0.781		
总数	215.524	241			

表6.88　2002届毕业生不同受教育类型就业者“感觉自己在单位是否有发展前途”均值比较

类别	可观测数据	均值	标准差
中职路径（I）	112	2.738	0.872
高中路径（J）	141	3.422	0.893
均值差异（I－J）		−0.684	

（八）在工作过程中能否持续不断地学习新东西

笔者以被调查者对待“在工作过程中能持续不断地学习新东西”这一问题的态度为观测变量，以不同受教育类型为控制变量，采用单因素方差分析方法，分析不同受教育类型与就业者对待“在工作过程中能持续不断地学习新东西”这一问题态度的关系。

单因素方差分析的零**假设** H_0 在控制变量的不同水平下，各总体均值无

显著性差异，即不同受教育类型的就业者对待“在工作过程中能持续不断地学习新东西”这一问题的态度无显著性差异。

表 6.89 方差分析结果显示，F 值 19.45 对应的概率值为 0.000，小于显著性水平，接受零假设，认为不同受教育类型就业者对待“在工作过程中能持续不断地学习新东西”这一问题的态度存在显著性差异。笔者将就业者对待“在工作过程中能持续不断地学习新东西”这一问题的态度分 5 个级别排列，级别 1 为“完全不同意”、级别 2 为“不太同意”、级别 3 为“一般”、级别 4 为“比较同意”、级别 5 为“非常同意”。通过多重比较笔者发现，中等职业教育路径就业者对待“在工作过程中能持续不断地学习新东西”这一问题的态度比普通高中教育路径就业者低 0.582 个级别（见表 6.90）。

表 6.89　2002 届毕业生不同受教育类型就业者“在工作过程中能否持续不断地学习新东西”单因素方差分析

差异源	平方和	自由度	均方	F 值	概率值
组间	20.148	1	20.148	19.45	0.000
组内	247.610	239	1.036		
总数	267.759	240			

表 6.90　2002 届毕业生不同受教育类型就业者“在工作过程中能否持续不断地学习新东西”均值比较

类别	可观测数据	均值	标准差
中职路径（I）	112	3.074	1.061
高中路径（J）	141	3.656	0.981
均值差异（I－J）		－0.582	

（九）对自己所在单位管理状况的评价

笔者将就业者对自己所在单位管理状况的评价分为“非常差”、“较差”、“一般”、“较好”、“非常好”五个级别，分别设定为第 1、2、3、4、

5 分级别。接下来，以就业者对自己所在单位管理状况的评价为观测变量，以不同受教育类型为控制变量，采用单因素方差分析方法，分析不同受教育类型与就业者对自己所在单位管理状况的评价的关系。

单因素方差分析的零**假设** H_0 在控制变量的不同水平下，各总体均值无显著性差异，即不同受教育类型的就业者对自己所在单位管理状况的评价无显著性差异。

表 6.91 方差分析结果显示，F 值 16.00 对应的概率值为 0.000，小于显著性水平，接受零假设，认为不同受教育类型就业者对自己所在单位管理状况的评价存在显著性差异。通过多重比较笔者发现，中等职业教育路径就业者对自己所在单位管理状况的评价比普通高中教育路径就业者低 0.47 个级别（见表 6.92）。

表 6.91　　2002 届毕业生不同受教育类型就业者对自己所在单位管理状况的评价单因素方差分析

差异源	平方和	自由度	均方	F 值	概率值
组间	13.131	1	13.131	16.00	0.000
组内	195.364	238	0.820		
总数	208.495	239			

表 6.92　　2002 届毕业生不同受教育类型就业者享受的福利政策均值比较

类别	可观测数据	均值	标准差
中职路径（I）	112	2.785	1.028
高中路径（J）	141	3.255	0.794
均值差异（I－J）		－0.47	

（十）对自己所处工作环境的评价

笔者将就业者对自己所在单位工作环境的评价分为“非常差”、“较差”、“一般”、“较好”、“很好”五个级别，分别设定为第 1、2、3、4、5

级别。然后，以就业者对自己所在单位工作环境的评价为观测变量，以不同受教育类型为控制变量，采用单因素方差分析方法，分析不同受教育类型与就业者对自己所在单位工作环境的评价的关系。

单因素方差分析的零**假设** H_0 在控制变量的不同水平下，各总体均值无显著性差异，即不同受教育类型就业者对自己所在单位工作环境的评价无显著性差异。

表 6.93 方差分析结果显示，F 值 24.82 对应的概率值为 0.000，小于显著性水平，拒绝零假设，认为不同受教育类型就业者对自己所在单位工作环境的评价存在显著性差异。通过均值比较笔者发现，中等职业教育路径就业者比普通高中教育路径就业者对自己所处工作环境的评价低 0.578 个级别（见表 6.94）。

表 6.93　　2002 届毕业生不同受教育类型就业者对自己所处工作环境的评价单因素方差分析

差异源	平方和	自由度	均方	F 值	概率值
组间	19.973	1	19.973	24.82	0.000
组内	193.150	240	0.804		
总数	213.123	241			

表 6.94　　2002 届毕业生不同受教育类型就业者对自己所处工作环境的评价均值比较

类别	可观测数据	均值	标准差
中职路径（I）	112	2.925	0.968
高中路径（J）	141	3.503	0.836
均值差异（I－J）		－0.578	

（十一）工作满意度

笔者将就业者对工作满意度分为完全不满意、不满意、一般、较满意、很满意五个级别，分别设定为第 1、2、3、4、5 级别。然后，以就业者的工作满意度为观测变量，以不同受教育类型为控制变量，采用单因素方差分析方法，分析不同受教育类型与就业者工作满意度的关系。

单因素方差分析的零**假设** H_0 在控制变量的不同水平下，各总体均值无显著性差异，即不同受教育类型就业者的工作满意度无显著性差异。

表 6.95 方差分析结果显示，F 值 21.41 对应的概率值为 0.000，小于显著性水平，拒绝零假设，认为不同受教育类型就业者的工作满意度存在显著性差异。通过均值比较笔者发现，中等职业教育路径就业者的工作满意度比普通高中教育路径就业者低 0.452 个级别（见表 6.96）。

表 6.95　　2002 届毕业生不同受教育类型就业者工作满意度单因素方差分析

差异源	平方和	自由度	均方	F 值	概率值
组间	12.131	1	12.131	21.41	0.000
组内	134.864	238	0.566		
总数	146.995	239			

表 6.96　2002 届毕业生不同受教育类型就业者工作满意度均值比较

类别	可观测数据	均值	标准差
中职路径（I）	112	2.878	0.773
高中路径（J）	141	3.330	0.735
均值差异（I－J）		－0.452	

（十二）目前的离职意愿

笔者将就业者的离职意愿从弱至强分 5 个级别排列，级别 1 为“我对我的工作很满意，根本没有离职的打算”；级别 2 为“工作还过得去，暂时不考虑”；级别 3 为“不确定”；级别 4 为“一直在寻找机会离开本单位，但没有合适的”；级别 5 为“即使现在单位不解聘，也打算换一个工作单位”。然后，以就业者的离职意愿为观测变量，以不同受教育类型为控制变量，采用单因素方差分析方法，分析不同受教育类型与就业者离职意愿的关系。

单因素方差分析的零**假设** H_0 在控制变量的不同水平下，各总体均值无显著性差异，即不同受教育类型的就业者离职意愿无显著性差异。

表 6.97 方差分析结果显示，F 值 10.93 对应的概率值为 0.001，小于显著性水平，拒绝零假设，认为不同受教育类型就业者的离职意愿存在显著性差异。通过均值比较笔者发现，中等职业教育路径就业者比普通高中教育路径就业者的离职意愿高 1.574 个级别（见表 6.98）。

表 6.97　2002 届毕业生不同受教育类型就业者的离职意愿单因素方差分析

差异源	平方和	自由度	均方	F 值	概率值
组间	10.624	1	10.624	10.93	0.001
组内	227.354	234	0.971		
总数	237.978	235			

表 6.98　2002 届毕业生不同受教育类型就业者离职意愿均值比较

类别	可观测数据	均值	标准差
中职路径（I）	112	3.981	0.925
高中路径（J）	141	2.407	1.032
均值差异（I－J）		1.574	

（十三）就业者每天抽烟数

笔者以就业者的每天抽烟数为观测变量，以不同受教育类型为控制变量，采用单因素方差分析方法，分析不同受教育类型与就业者每天抽烟数的关系。

单因素方差分析的零**假设** H_0 在控制变量的不同水平下，各总体均值无显著性差异，即不同受教育类型就业者的每天抽烟数无显著性差异。

表 6.99 方差分析结果显示，F 值 6.14 对应的概率值为 0.013，小于显著性水平，拒绝零假设，认为不同受教育类型就业者每天抽烟数存在显著性差异，通过均值比较笔者发现，中等职业教育路径就业者比普通高中教育路径就业者的每天抽烟数多 3.172 根（见表 6.100）。

表 6.99　　2002 届毕业生不同受教育类型就业者的每天抽烟数单因素方差分析

差异源	平方和	自由度	均方	F 值	概率值
组间	540.913	1	540.913	6.14	0.013
组内	19728.360	224	88.073		
总数	20269.274	225			

表 6.100　2002 届毕业生不同受教育类型就业者每天抽烟数均值比较

类别	可观测数据	均值	标准差
中职路径（I）	112	6.556	11.266
高中路径（J）	141	3.384	7.961
均值差异（I－J）		3.172	

（十四）就业者的孩子个数

笔者以就业者的孩子个数为观测变量，以不同受教育类型为控制变量，采用单因素方差分析方法，分析不同受教育类型与就业者的孩子个数的关系。

单因素方差分析的零**假设** H_0 在控制变量的不同水平下，各总体均值无显著性差异，即不同受教育类型的就业者的孩子个数无显著性差异。

表 6.101 方差分析结果显示，F 值 17.73 对应的概率值为 0.000，小于显著性水平，拒绝零假设，认为不同受教育类型就业者的孩子个数存在显著性差异，通过均值比较笔者发现，中等职业教育路径就业者比普通高中教育路径就业者的孩子个数多 0.359 个（见表 6.102）。

表 6.101　　2002 届毕业生不同受教育类型就业者的孩子个数单因素方差分析

差异源	平方和	自由度	均方	F 值	概率值
组间	6.913	1	6.913	17.73	0.000
组内	87.369	224	0.390		
总数	94.283	225			

表 6.102　2002 届毕业生不同受教育类型就业者的孩子个数均值比较

类别	可观测数据	均值	标准差
中职路径（I）	112	0.75	0.698
高中路径（J）	141	0.391	0.572
均值差异（I－J）		0.359	

（十五）就业者的男孩个数

笔者以就业者的男孩个数为观测变量，以不同受教育类型为控制变量，采用单因素方差分析方法，分析不同受教育类型与就业者的男孩个数的关系。

单因素方差分析的零**假设** H_0 在控制变量的不同水平下，各总体均值无显著性差异，即不同受教育类型的就业者的男孩个数无显著性差异。

表 6.103 方差分析结果显示，F 值 3.11 对应的概率值为 0.049，小于显著性水平，拒绝零假设，认为不同受教育类型就业者的男孩个数存在显著性差异，通过均值比较笔者发现，中等职业教育路径就业者比普通高中教育路径就业者的男孩个数多 0.116 个（见表 6.104）。

表 6.103　2002 届毕业生不同受教育类型就业者的男孩个数单因素方差分析

差异源	平方和	自由度	均方	F 值	概率值
组间	0.714	1	0.714	3.11	0.049
组内	51.409	224	0.229		
总数	52.123	225			

表 6.104　2002 届毕业生不同受教育类型就业者的男孩个数均值比较

类别	可观测数据	均值	标准差
中职路径（I）	112	0.318	0.515
高中路径（J）	141	0.202	0.454
均值差异（I－J）		0.116	

综上所述，在所调查的2002届中等职业教育路径和普通高中教育路径毕业生追踪样本中，笔者所选取的十五项指标，都表明了中等职业教育路径就业者的非货币收益显著低于普通高中教育路径就业者的非货币收益。这也暗含着一个信息，就是21世纪初期，初中毕业生只要选择了中等职业教育，无论是毕业后直接就业，还是继续接受教育后再就业，所获得的非货币收益显著低于选择普通高中路径的就业者。

这一结论进一步解读了21世纪初期我国普遍存在的“普高热、职高冷”的现象，甚至还解读了尽管在国家政策的大力支持下，中职招生人数逐步增加，但在这看似“回暖”的背后，中职学校招生依旧困难，为了完成各级政府下达的指标，庞大的招生费用让本来经费就较为紧张的中职学校困难重重；生源质量也远比高中差，“生源大战”使中职招生进入“无门槛”时代，中职学校往往成为中考落榜生的收容所，学生选择中职绝大部分是基于考不上高中、迫不得已等原因而做出的选择等现象。

本章小结

1. 就所调查的1993届中等职业教育和普通高中教育毕业生追踪样本来看，中职就业者的非货币收益高于高中就业者。笔者选取的十二项非货币收益指标均表明，中职就业者的非货币收益高于高中就业者。而且在这十二项指标中，只有“换工作单位数量”、“就业者在单位享受到的福利政策”、“就业者感觉自己在目前单位发展前途的强弱”这三项指标，体现中职就业者的非货币收益显著低于大专和高职就业者、本科就业者、硕士及以上学历就业者的非货币收益。剩下的九项指标（“失业时间”、“就业者所在单位对就业者提供的培训机会”、“所在单位的工作环境”、“就业者的工作满意度”、“就业者对待‘在工作过程中能持续不断地学习新东西’这一问题的态度”、“就业者工作时间在一年以下的单位数”、“失业累计次数”、“就业者对自己所在单位管理状况的看法”、“离职意愿”）显示，中职就业者与大专和高职就业者所获得的非货币收益不存在显著差异；并且其中有五项指标（“就业者对待‘在工作过程中能持续不断地学习新东西’这一问题的态度"、"从就业者工作时间在一年以下的单位数"、"失业累计次数"、"就业者对自己所在单位管理状况的看法"、"离职意愿"）显示，中职就业者不仅与大专和高职就业者的非货币收益不存在显著差异，而且与本科就业者的非货币收益不存在显著差异；更有甚者，居然其中尚有四项指标（"就业者工作时间在一年以下的单位数"、"失业累计次数"、"就业者对自己所在单位管理状况的看法"、"离职意愿"）显示，中职就业者不仅与大专和高职就业者、本科就业者的非货币收益不存在显著差异，而且与硕士就业者的非货币收益不存在显著差异。

分析不同类型教育的个人收益状况笔者发现，在湖南省1993届中等职业教育和普通高中教育毕业生中，中等职业教育路径就业者所获得的非货币收益显著高于普通高中教育路径就业者所获得的非货币收益。具体来说，笔者选取的十二项指标中，只有"就业者所在单位对就业者提供的培训机会"、"就业者感觉自己在目前单位发展前途的强弱"、"就业者对待'在工作过程中能持续不断地学习新东西'这一问题的态度"、"就业者对自己所在单位管理状况的评价"这四项指标显示，中职路径就业者与普通高中就业者之间不存在显著性差异外，其他八项指标（"换工作单位数量"、"就业者在单位享受到的福利政策"、"失业时间"、"所在单位的工作环境"、"就业者的工作满意度"、"就业考工作时间在一年以下的单位数"、"失业累计次数"、"离职意愿"）均显示，中等职业教育路径就业者所获得的非货币收益显著高于普通高中教育路径就业者所获得的非货币收益。

上述结论表明，20世纪90年代初，我国初中毕业生通过接受中等职业教育，能获得较强的就业优势。与高中就业者相比，能显著提高工作满意度，减少工作时间在一年以下的单位数量，降低失业时间，减少失业次数，降低换工作频数，优化工作环境，在单位能获得更多的培训机会，争取具有挑战性的工作，享受更多的福利政策，促使不同的劳动者与不同的工作相匹配、降低离职意愿。这个结论在一定程度上能够解读20世纪90年代初期出现的优秀初中毕业生竞相报考中专的现象，这个结论也说明，我国受过中等职业教育的劳动者具有较高的操作技能和较强的动手能力，通过职业教育理论和实践相结合的教学方式，学到了一技之长，获得了谋生的本领，从而劳动者的素质和岗位竞争能力得以提高，显示出就业方面的强大优势，从而获得较高的非货币收益。这种造就有一定专业知识和专业特长专门人才的职业教育，大者对发展地方经济，小者对提高劳动者个体素质以及提高普通家庭的生活水平都有着不可估量的作用。

2. 就所调查的2002届中等职业教育和普通高中教育毕业生追踪样本来看，笔者选取的十五项指标中，所有指标都表明，中职就业者与高中就业者的非货币收益不存在显著差异。更有甚者，这十五项指标中，有八项指标（就业者换工作数量、就业者工作时间在一年以下的单位数、失业累计次数、失业时间、就业者在单位享受到的福利政策、对自己所在单位管理状况的评价、就业者的孩子个数以及就业者的男孩个数）显示，中职就业者不仅与高中就业者的非货币收益不存在显著差异，而且与大专和高职就业者的非货币收益亦不存在显著差异。

在所调查的2002届中等职业教育路径和普通高中教育路径毕业生追踪样本中，笔者所选取的十五项指标，都表明了中等职业教育路径就业者的非货币收益显著低于普通高中教育路径就业者的非货币收益。这也暗含着一个信息，就是21世纪初期，初中毕业生只要选择了中等职业教育，无论是毕业后直接就业，还是继续接受教育后再就业，所获得的非货币收益显著低于选择普通高中路径的就业者。

2002届毕业生分析结论表明，21世纪初期，我国中职学生通过三年的专业学习，居然与高考落榜、毫无专业技能的高中毕业生所获得非货币收益基本相同，显著低于本科就业者和硕士及以上学历就业者的非货币收益。一般地，受过中职教育的劳动者相对于高考落榜生来说，三年的专业学习应该使中职就业者具有较高的操作技能和较强的动手能力，通过职业教育理论和实践相结合的教学方式系统学习，能学到一技之长，获得谋生的本领，从而劳动者的素质和岗位竞争能力得以提高，显示出就业方面的强大优势，从而获得较高的非货币收益。但事与愿违。这一结论让笔者不得不为目前我国中等职业教育的发展担忧：现阶段我国中等职业教育的专业结构布局是否合理，是否适应区域经济和社会发展需要？教学条件、设备设施是否优越，是否满足教学的需要？中等职业学校教师的积极性和主动性是否被充分调动，

"双师型"教育是否充足，是否建立了完善的师资培训体系和培训制度？现实的教学条件与理想的教学条件还有多大差距？中等职业教育连年来的扩招是否会使本来生均教育资源占有量很少的中职教育出现生均教育资源占有量进一步走低？等等。如果本应造就有一定专业知识、专业特长和专门人才的职业教育没有达到预期的目的，那无论是政策制定者还是学校管理者均应该对上述问题做深入思考，如果一味地扩招、保量而不保质，那么，出现中职学生通过三年的专业学习，居然与高考落榜、毫无专业技能的高中毕业生所获得非货币收益基本相同这种状况，实际上是教育资源的浪费和效率低下。

对2002届毕业生的非货币收益分析得出的一个结论值得重视，十五项指标中，有八项指标表明，中职就业者不仅与高中就业者的非货币收益不存在显著性差异，而且与大专和高职就业者的非货币收益亦不存在显著性差异。笔者在第五章分析中还发现，2002届毕业生中，中职就业者不仅与高中就业者的货币收益不存在显著性差异，而且与高职就业者之间货币收益也不存在显著差异。这两个结论不得不让笔者思索目前我国整个中等职业教育和高等职业教育质量问题，按理说，旨在培养人的技能技巧的职业教育应该能使接受职业教育的学生在学习期间，动手能力得到大幅度提高，从而显示出就业方面的强大优势，然而，事实并非如此，无论是货币收益还是非货币收益分析告诉我们，中职就业者、高职就业者居然与高中就业者的个人收益不存在显著差异。

第七章

两届中职和高中毕业生收益变化的原因分析

研究发现，就笔者所调查的湖南省1993届中职和高中毕业生追踪样本来看，中职就业者与高中就业者之间个人收入差异显著，前者比后者高15411.343元/年。中职路径就业者与高中路径就业者之间货币收益不存在显著性差异。中职就业者的非货币收益高于高中就业者，中职路径就业者所获得的非货币收益亦显著高于高中路径就业者所获得的非货币收益。这说明，最后学历为中职的就业者比最后学历为高中的就业者年收入高得多，而且，初中毕业后无论是选择读中职还是读高中，这两种类型教育的就业者收入差别不显著，但非货币收益差别显著，选择读中职的毕业生所获得的非货币收益显著高于选择读高中的毕业生。这也表明，20世纪90年代初，我国初中毕业生通过接受中等职业教育，能获得较强的就业优势，获得较高的个人收益。与高中就业者相比，能显著增加个人收入，提高工作满意度，减少工作时间在一年以下的单位数量，降低失业时间，减少失业次数，降低换工作频数，优化工作环境，在单位能获得更多的培训机会，争取具有挑战性的工作，享受更多的福利政策，促使不同的劳动者与不同的工作相匹配、降低离职意愿。

但就所调查的湖南省2002届中职和高中毕业生追踪样本来看，中职就业者与高中就业者之间不仅个人货币收益不存在显著性差异，而且非货币收益也不存在显著性差异；从路径收益来看，中职路径就业者不仅个人货币收益显著低于高中路径就业者，而且个人非货币收益也显著低于普通高中教育路径就业者。这表明，最后学历为中职的就业者与最后学历为高中的就业者收入差别不大，但初中毕业后选择读中职的毕业生比选择就读高中的毕业生收入低得多。该结论暗示着，21世纪初期，我国中职学生通过三年的专业学习，居然与高考落榜、毫无专业技能的高中毕业生所获得货币收益和非货币收益基本相同，根本体现不出任何就业优势。这一问题的出现，让我们不得不对我国目前中等职业教育的质量提出质疑。

总之，1993届中职毕业生以较低的个人直接成本获得较高的个人收益（包括货币收益和非货币收益），但2002届中职毕业生个人的直接成本较高，个人收益较低。这种中职学生成本收益发生了明显的变化这一事实，在一定程度上能够解读20世纪90年代初期以前的“中职热”和1999年以后中职学校发展面临种种困境的现象。那么，究竟是什么原因导致了这种变化呢？造成这种变化的原因很多，有历史文化方面的，也有投入差异方面的等，笔者将从投入差异角度对这一变化进行原因分析。

第一节
生均教育资源占有量分析

教育部门耗费了一定的社会资源，其产出是学生知识和技能的增进，全面素质的提高。[①] 教育通过培养和提高劳动者的知识和技能，从而给受教育者和社会带来巨大的收益。但教育和其他投资一样，也需要一定的投入，生均教育资源占有量充足与否直接关系到教育产品的质量，关系到劳动者的知

① 王善迈主编：《教育经济学简明教程》，北京：高等教育出版社2000年版，第189页。

识和技能能否形成。

20世纪90年代以来，中等职业学校（机构）生均教育资源占有量持续走低或增幅缓慢，增幅明显低于普通高中。①

一、生均校舍建筑面积持续下降

从表7.1可以看出，1991～2001年，中等专业学校生均校舍建筑面积呈下降趋势，从28.80平方米/人降低至20.87平方米/人，后者仅占前者的72.47%，也就是说，1991～2001年这十年间，中等专业学校生均校舍建筑面积减少了将近30%。而且，随后这些年来，这种下降趋势并未得到扭转，2003～2010年，中等职业学校（机构）生均校舍建筑面积仍然是呈下降趋势，从15.92平方米/人降低至10.82平方米/人。与此同时，普通高中生均校舍建筑面积不断增加，从13.62平方米/人增加到16.41平方米/人。2005年以后，普通高中生均校舍建筑面积开始大于中等职业学校（机构），而且差距越来越大。到2010年，普通高中生均校舍面积比中等职业学校多5.59平方米/人。2010年，中等职业学校（机构）生均校舍面积仅为1991年的37.57%，为2003年的67.96%。以上分析表明，1991～2001年，中等专业学校生均校舍建筑面积是呈下降趋势的；在2003～2010年这一期间，中等职业学校（机构）生均校舍建筑面积亦是持续下降的，而普通高中生均校舍建筑面积则持续上升。

表7.1　　中等职业学校（机构）与普通高中生均校舍建筑面积

单位：平方米/人

年份	中等职业学校（机构）	普通高中
1991*	28.80	—
1998*	20.48	—

① 由于2001年以前的《中国教育统计年鉴》的普通高中和初中的相关数据统计在一起，合为普通中学，故本书的生均教育资源占有量分析未能将2001年以前的中等专业学校与普通高中进行比较，特此说明。

续表

年份	中等职业学校（机构）	普通高中
1999 *	21.04	—
2001 *	20.87	—
2003	15.92	13.62
2004	14.69	13.69
2005	13.49	13.75
2006	12.77	14.52
2007	12.52	14.93
2008	11.35	15.52
2009	11.01	16.04
2010	10.82	16.41

注：标有 * 的数据为中等专业学校数据；—表示数据缺失。

资料来源：笔者根据各年《中国教育统计年鉴》计算得出。

二、生均教学辅助用房面积持续下降

从表 7.2 可以看出，1991 ~2001 年，中等专业学校生均教学辅助用房面积呈下降趋势，从 11.36 平方米/人降低至 7.74 平方米/人，后者仅为前者的 68.13%。也就是说，1991 ~2001 年这十年间，中等专业学校生均教学辅助用房面积减少了 31.87%。而且，2002 年以后，这种下降趋势并未得到扭转，2003 ~2010 年，中等职业学校（机构）生均教学辅助用房面积也是呈下降趋势，2003 ~2010 年，中等职业学校（机构）生均教学辅助用房面积从 6.19 平方米/人降低至 4.96 平方米/人，与此相对照的是，普通高中生均教学辅助用房面积从 5.42 平方米/人增加到 6.31 平方米/人。2006 年以后，普通高中生均教学辅助用房面积高于中等职业学校（机构），而且差距越来越大。2010 年中等职业学校（机构）生均教学辅助用房面积仅为 1991 年的 43.66%，为 2003 年的 80.13%。以上表明，1991 ~2001 年，中等专业学校生均教学辅助用房面积是呈下降趋势的；在 2003 ~2010 年这一期间，中等职业学校（机构）生均教学辅助用房面积亦是持续下降的，而普通高中生均教学辅助用房面积则持续上升。

表7.2　　　　中等职业学校（机构）与普通高中生均教学辅助用房面积　　　　单位：平方米/人

年份	中等职业学校（机构）	普通高中
1991*	11.36	—
1998*	7.46	—
1999*	7.59	—
2001*	7.74	—
2003	6.19	5.42
2004	6.04	5.41
2005	5.62	5.44
2006	5.45	5.54
2007	5.12	5.69
2008	4.97	5.90
2009	4.67	6.19
2010	4.96	6.31

注：标有 * 的数据为中等专业学校数据；—表示数据缺失。

资料来源：笔者根据各年《中国教育统计年鉴》计算得出。

三、生均生活福利用房面积持续下降

从表7.3可以看出，1991～2001年，中等专业学校生均生活福利用房面积是呈下降趋势的，由15.50平方米/人降低至11.88平方米/人，后者仅占前者的76.64%，也就是说，1991～2001年这十年间，中等专业学校生均生活福利用房面积减少了23.36%。2003～2009年，这种下降趋势并未得到扭转，中等职业学校（机构）生均生活福利用房面积继续下降，从5.64平方米/人降低至4.11平方米/人，而在此期间，普通高中生均生活福利用房面积则从5.46平方米/人增加到7.15平方米/人。按百分比计算，2009年中等职业学校（机构）生均生活福利用房面积仅为2003年的72.87%，而

2009 年普通高中生均生活福利用房面积则为 2003 年的 130.95%。更有甚者，2005 年以后，普通高中生均生活福利用房面积高于中等职业学校，而且两者之间差距越来越大。2010 年，中等职业学校（机构）生均生活福利用房面积略有增加。以上表明，在 2003～2009 年期间，中等职业学校（机构）生均生活福利用房面积是持续下降的，而普通高中生均生活福利用房面积则持续上升。

表 7.3　　中等职业学校（机构）与普通高中生均生活福利用房面积　　单位：平方米/人

年份	中等职业学校（机构）	普通高中
1991*	15.50	—
1998*	11.72	—
1999*	12.16	—
2001*	11.88	—
2003	5.64	5.46
2004	5.61	5.36
2005	5.21	5.38
2006	4.95	6.28
2007	4.35	6.52
2008	4.36	6.84
2009	4.11	7.15
2010	4.16	7.33

注：标有 * 的数据为中等专业学校数据；—表示数据缺失。

资料来源：笔者根据各年《中国教育统计年鉴》计算得出。

四、生均行政用房面积持续下降

从表 7.4 可以看出，1994～2001 年，中等专业学校生均行政用房面积呈持续下降趋势，从 1.81 平方米/人降低至 1.25 平方米/人，后者仅占前者的 69.06%。而且，2002 年以后，这种趋势并未得到扭转，2003～2009 年，中等职业学校生均行政用房面积亦持续下降，从 1. 16 平方米/人降低至 0. 78 平方米/人，而在此期间，普通高中生均行政用房面积基本上维持在 1. 35 平方米/人左右。按百分比计算，2009 年中等职业学校（机构）生均行政用房面积仅为 1994 年的 43. 09%，为 2003 年的 67. 24%。2010 年，中等职业学校（机构）生均行政用房面积略为上升到 0. 79 平方米/人，但上升幅度不大。从两类学校对比来看，中等职业学校（机构）生均行政用房面积明显低于普通高中生均行政用房面积。以 2009 年为例，中等职业学校（机构）生均行政用房面积仅为普通高中生均行政用房面积的 56. 12%，这两种不同类别的高中阶段学生生均教育资源占有量是有明显差异的。

表 7. 4　　中等职业学校（机构）与普通高中生均行政用房面积　　单位：平方米/人

年份	中等职业学校（机构）	普通高中
1994 *	1. 81	—
1998 *	1. 30	—
1999 *	1. 29	—
2001 *	1. 25	—
2003	1. 16	1. 40
2004	1. 13	1. 35
2005	1. 02	1. 33
2006	0. 95	1. 31
2007	0. 83	1. 33
2008	0. 82	1. 36
2009	0. 78	1. 39
2010	0. 79	1. 37

注：标有 * 数据的为中等专业学校数据；—表示数据缺失。

资料来源：笔者根据各年《中国教育统计年鉴》计算得出。

五、生均图书册数持续下降

从表 7. 5 可以看出，1991 ~ 2001 年，中等专业学校生均图书册数呈下降趋势，从76.83册/人降低至47.21册/人，后者仅占前者的61.44%，这说明，1991～2001年，我国中等专业学校生均图书册数减少了38.56%。2003～2009年，这种下降趋势并未得到扭转。2003～2009年，中等职业学校（机构）生均图书册数亦呈下降趋势，从30.82册/人降低至18.74册/人，而在此期间，普通高中生均图书册数却从21.63册/人增加至25.32册/人。按百分比计算，2009年中等职业学校（机构）生均图书册数仅为1991年的24.39%，为2003年的60.80%，而2009年普通高中生均图书册数则为2003年的111.89%。两类学校对比来看，2006年，中等职业学校（机构）生均图书册数首次低于普通高中生均图书册数。2009年，中等职业学校（机构）生均图书册数仅为普通高中生均图书册数的74.01%。2010年，中等职业学校（机构）生均图书册数略有增加，增加至18.89册/人。

表7.5　　中等职业学校（机构）与普通高中生均图书册数　　单位：册/人

年份	中等职业学校（机构）	普通高中
1991*	76.83	—
2001*	47.21	—
2003	30.82	22.63
2004	25.99	21.94
2005	23.04	21.86
2006	21.60	22.52
2007	19.90	23.27
2008	19.26	24.22
2009	18.74	25.32
2010	18.89	25.83

注：标有*数据的为中等专业学校数据；—表示数据缺失。
资料来源：笔者根据各年《中国教育统计年鉴》计算得出。

六、生均固定资产总值增幅缓慢，明显低于普通高中

从表7.6可以看出，1991～2010年，我国中等职业学校（机构）生均

固定资产总值呈上升趋势，而且，2004～2010年，普通高中学校生均固定资产总值也呈上升趋势。但中等职业学校（机构）生均固定资产总值由2004年的9961元/人增长到2010年的11883元/人，增长幅度仅为19.30%；而普通高中生均固定资产总值由2004年的11063元/人增长到2010年的18003元/人，增长幅度高达62.73%。两类学校对比，中等职业学校（机构）生均固定资产总值低于普通高中生均固定资产总值，2004年中等职业学校（机构）生均固定资产总值为普通高中生均固定资产总值的90.03%，2005年为80.68%，2006年为77.08%，2007年为72.06%，2008年为66.70%，到2009年仅为64.03%。由此可见，这两类学校生均固定资产总值之间的差距越来越大。

表7.6　　中等职业学校（机构）与普通高中生均固定资产总值

单位：元/人

年份	中等职业学校（机构）	普通高中
1991*	5968	—
1998*	9731	—
2004	9961	11063
2005	9625	11929
2006	10031	13013
2007	10146	14079
2008	10183	15269
2009	10711	16821
2010	11883	18003

注：标有*的数据为中等专业学校数据；—表示数据缺失。

资料来源：笔者根据各年《中国教育统计年鉴》计算得出。

七、生均预算内教育经费支出呈现上升趋势，但增幅不大

从表7.7可以看出，1991年，我国职业中学生均预算内教育经费支出为482.88元，2001年，增加至1545.81元，2001年职业中学生均预算内教育经费支出仅为1991年的3.20倍；1991年，中等师范学校生均预算内教

育经费支出为 1586.51 元，2001 年增加至 2664.86 元，2001 年中等师范学校生均预算内教育经费支出仅为 1991 年的 1.68 倍。而 2001 年我国小学生均预算内教育经费支出为 1991 年的 5.63 倍，增幅均大于职业中学和中等师范学校生均预算内教育经费支出的增幅。

表 7.7　　生均预算内教育经费支出　　单位：元

年份	小学	高级中学	职业中学	中等师范学校	普通高等学校
1991	116.89	—	482.88	1586.51	4093.42
1998	378.30	1313.45	1146.38	2223.02	8529.13
2001	658.44	1601.41	1545.81	2664.86	7793.44
2002	834.07	1699.51	1730.14	2798.59	7021.06
2003	952.44	1729.85	1745.83	2720.64	6522.48
2004	1159.21	1910.63	1913.05	2909.75	6220.60
2005	1361.09	2111.40	2095.91	2922.62	5940.77
2006	1671.41	2420.63	2280.02	3250.17	6395.38
2007	2230.97	2757.05	3002.99	3247.41 *	6657.77
2008	2787.57	3334.46	3832.51	3939.59 *	8025.77

注：标有 * 的数据表示中等职业学校数据；—表示数据缺失。

与普通高中相对比，2001 年以后，无论是普通高中还是职业中学，中等师范学校生均预算内教育经费支出均呈现增长趋势。2008 年普通高中生均预算内教育经费支出为 2001 年的 2.08 倍，职业中学则为 2.47 倍，中等师范学校仅为 1.48 倍，中等师范学校生均预算内教育经费支出的增长幅度小于普通高中的增幅。2001 年，高级中学的生均预算内教育经费支出处于较低水平，尔后快速上升，到 2008 年，与中等师范学校生均预算内教育经费支出基本持平。根据国际测算，职业学校的生均培养成本是同等规模普通高中的 3 倍，我国中等职业学校的生均预算内教育经费与国际测算严重不符。

综上所述，1991 ~ 2001 年十年间，我国中等专业学校的生均教育资源的占有量是持续下降的。2001 年，中等专业学校生均校舍面积仅为 1991 年的72.46%；生均教学辅助用房面积仅为1991年的68.13%；生均生活福利用房面积仅为1991年的76.64%，生均行政用房面积仅为1994年的69.06%；生均图书册数仅为1991年的61.44%。生均教育资源是培养合格教育产品的保证，没有充足的教育资源很难培养出优秀的教育产品，所谓“巧妇难以无米之炊”就是这个道理。因此，笔者认为1991年和2001年中等职业教育生均教育资源占有量的差异与笔者所调查的1993届中职毕业生货币与非货币收益存在差异有着密切的关系。更令人担忧的是，2003～2009年，这种下降趋势并未得到扭转，相反却愈演愈烈，值得政策制定者和相关学者们关注。

第二节
师资队伍分析

上一节笔者分析了我国中等职业教育的生均教育资源占有量的问题，换句话说就是“巧妇难以无米之炊”中的“米”的问题，那么，中等职业教育中“巧妇”——师资的状况如何呢？这是本节要探讨的重要内容。

师资是职业教育发展的核心因素和重要资源，提高职业教育办学质量的关键在于教师，没有一支高素质的教师队伍就不可能有高质量的职业教育。

一、教职工数量不足

近些年来，随着中职教育持续扩招，教师紧缺的问题日益严峻，我国中等职业教育教职工数量严重不足。1990年，普通高中在校生数为717.3万人，教职工数为399.10万人；2000年，普通高中在校生数增加至1201.3万人，比1990年增加了67.48%，教职工数也随之增加，增至491.1万人，增加了23.05%。中等职业教育却截然不同，1990年，中等专业学校在校生数为224.4万人，教职工数为49.22万人；2000年，中等专业学校在校生数增加至489.5万人，增加了118.14%，增加了1倍多，而教职工数却反而减少到只有 48.81 万人，减少了差不多一个百分点。见表 7.8 和表 7.9。1992 年以后，中等职业教育教职工数量严重不足的现象并未得到缓解。2010 年，普通高中在校生数为 2427.3 万人，教职工数为 585.939 万人；中等职业教育在校生数为 2238.5 万人，教职工数却只有 122.2 万人。我们不难看出，2010 年，中等职业教育在校生数与普通高中在校生数接近，而教职工数只有普通高中的 20.85%。由此可见，教师紧缺已成为中职规模扩大、事业快速发展的重要制约因素。

表 7.8　　中等职业教育与高中教育学生数对比分析　　单位：万人

年份	合计	普通高中	成人高中	中等职业教育				
				小计	中等专业学校	成人中专	职业高中	技工学校
1965	622.9	130.8	—	492.1	52.7	351.8	77.5	10.1
1980	1720.5	969.8	75.1	675.6	124.3	449.4	31.9	70.0
1985	1295.7	741.1	139.0	415.6	157.1	—	184.3	74.2
1990	1528.6	717.3	47.8	763.5	224.4	158.8	247.1	133.2
2000	2463.2	1201.3	32.4	1229.5	489.5	169.3	414.6	156.1
2001	2606.3	1405.0	31.0	1170.3	457.9	189.2	383.1	140.1
2002	2889.8	1683.8	33.5	1172.5	456.4	153.3	428.1	134.7
2003	3240.9	1964.8	21.5	1254.6	502.4	105.5	455.7	191.1
2004	3649.0	2220.4	19.4	1409.2	554.5	103.3	516.9	234.5
2005	4030.9	2409.1	21.8	1600.0	629.8	112.5	582.4	275.3
2006	4341.9	2514.5	17.5	1809.9	725.8	107.6	655.6	320.8
2007	4527.5	2522.4	18.1	1987.0	781.6	113.0	725.2	367.1
2008	4545.7	2476.3	12.7	2056.7	817.3	120.6	750.3	368.5
2009	4624.4	2434.3	11.5	2178.7	840.4	161.0	778.4	398.8
2010	4677.3	2427.3	11.5	2238.5	877.7	212.4	726.3	422.1

资料来源：各年《中国教育统计年鉴》。

表7.9　　各级各类学校教职工数　　单位：万人

年份	中等职业教育		普通高中	普通高等学校
	成人中等专业学校、职业高中和技工学校	普通中等专业学校		
1949	—	2.40	10.40	4.60
1965	—	12.20	67.70	33.30
1978	—	23.70	391.70	51.60
1980	—	29.80	389.70	63.20
1985	—	40.32	355.69	87.06
1990	—	49.22	399.10	100.47
2000	—	48.81	491.1	111.28
2003	108.42	34.7	549.65	145.26
2004	108.37	33.28	562.40	161.07
2005	109.32	33.48	572.02	174.21
2008	122.22	40.28	581.57	205.10
2009	122.92	41.13	584.54	211.15
2010	122.29	43.50	585.93	215.66

资料来源：各年《中国教育统计年鉴》。

二、专任教师数量不足

我国中等职业教育不仅在教职工数量上存在严重不足，而且在专任教师数量上也存在严重不足。1990年普通高中在校生数为717.3万人，专任教师数为57.33万人；2000年普通高中在校生数增加至1201.3万人，专任教师数增加至75.69万人。截然不同的是，1990年我国中等专业学校在校生数为224.4万人，专任教师数为23.23万人；2000年中等专业学校在校生数增加至489.5万人，专任教师数仅增加至25.64万人。1990～2000年十年期间，普通高中在校生数量增加了67.48%，专任教师数量也随之增加了32.03%，而中等专业学校在校生数量增加了118.14%，增加了1倍多，但专任教师数量仅仅增加10.37%，远远跟不上中职教育发展的脚步。更令人焦虑的是，专任教师数量严重不足的现象仍在进一步扩大。2010年，普通高中在校生数为2427.3万人，专任教师数为151.82万人；而中等职业教育在校生数为2238.5万人，专任教师数却只有87.15万人，我们从中不难看出，中职和普通高中在校生数已基本相当，但中职专任教师数却仅是普通高中专任教师数的57.40%（见表7.10）。

表7.10　　各级各类学校专任教师数　　单位：万人

年份	中等职业教育		普通高中	普通高等学校
	成人中等专业学校、职业高中和技工学校	普通中等专业学校		
1949	—	1.56	1.40	1.61
1965	—	5.51	7.79	13.81
1978	—	9.96	74.13	20.63
1980	—	12.87	57.07	24.69
1985	—	17.40	49.17	34.43
1990	—	23.23	57.33	39.08
2000	—	25.64	75.69	46.28
2003	68.60	19.86	107.06	72.47
2004	73.60	19.71	119.07	85.84
2005	74.98	20.30	129.95	96.58
2008	89.49	26.14	147.55	123.75
2009	86.86	27.23	149.33	129.52
2010	87.15	29.50	151.82	134.31

资料来源：各年《中国教育统计年鉴2010》。

生师比也足以反映我国中等职业学校专任教师严重不足这一现象。从1992年开始中等职业学校的生师比一直都在攀升，1992年生师比仅为13.82，2002年，增加至16.58，到2010年已达到25.69，差不多翻了一番（见表7.11）。生师比高意味着专任教师将承担更多的教学任务，从而增加工作量和减少休息时间，因此，很难有时间来进行钻研教学改革和提高自身水平，导致专任教师自身水平素质提高缓慢，从而在很大程度上会影响教学质量的提高。

表 7.11　　各级普通学校生师比

年份	小学	初中	普通高中	中等职业学校	普通高等学校
1992	20.07	15.85	12.24	13.82	14.60
1993	22.37	15.65	14.96	13.42	8.00
1994	22.85	16.07	12.16	14.26	9.25
1995	23.30	16.73	12.95	15.98	9.83
1996	23.73	17.18	13.45	16.42	10.36
1997	24.16	17.33	14.05	16.92	10.87
1998	23.98	17.56	14.60	16.36	11.62
1999	23.12	18.17	15.16	15.68	13.37
2000	22.21	19.03	15.87	15.24	16.30
2001	21.64	19.24	16.73	15.04	18.22
2002	21.04	19.25	17.80	16.58	19.00
2003	20.50	19.13	18.35	17.63	17.00
2004	19.98	18.65	18.65	19.15	16.22
2005	19.43	17.80	18.54	21.34	16.85
2006	19.17	17.15	18.13	22.65	17.93
2007	18.82	16.52	17.48	23.13	17.28
2008	18.38	16.07	16.78	23.32	17.23
2009	17.88	15.47	16.30	25.27	17.27
2010	17.70	14.98	15.99	25.69	17.33

资料来源：《中国教育统计年鉴 2010》。

三、专任教师占教职工比例偏高

各级各类学校专任教师占教职工比例，如表 7.12 所示。表 7.12 中从横向来看，我国中等职业学校专任教师数占教职工人数的比例一直较高，远远高于普通高中的专任教师数占教职工人数的比例，也高于普通高等学校的专任教师数占教职工人数的比例。1990 年，普通高中的专任教师占教职工的比例为 14.4%，普通高等学校为 38.9%，普通中专却为 47.2%；2000 年，普通高中的专任教师占教职工的比例为 15.4%，普通高等学校为 41.6%，中等职业教育却为 52.5%。

表 7.12　　各级各类学校专任教师占教职工数的比例　　单位：%

年份	中等职业教育		普通高中	普通高等学校
	成人中等专业学校、职业高中和技工学校	普通中等专业学校		
1949	—	65.0	13.5	35.0
1965	—	45.2	11.5	41.5
1978	—	42.0	18.9	40.0
1980	—	43.2	14.6	39.1
1985	—	43.2	13.8	39.5
1990	—	47.2	14.4	38.9
2000	—	52.5	15.4	41.6
2003	63.3	57.2	19.5	49.9
2004	67.9	59.2	21.2	53.3
2005	68.6	60.6	22.7	55.4
2008	73.2	64.9	25.4	60.3
2009	70.7	66.2	25.5	61.3
2010	71.3	67.8	25.9	62.3

资料来源：笔者根据各年《中国教育统计年鉴》整理计算得出。

表 7.12 中从纵向来看，1990 年以来，普通中专的专任教师数占教职工人数的比例一直呈现上升趋势，而且上升的速度快于普通高中，也快于普通高等学校。1990 年普通高中专任教师数占教职工人数的比例为 14.4%，2000 年上升为 15.4%，仅上升了 1.0 个百分点；1990 年普通高等学校专任教师数占教职工人数的比例为 38.9%，2000 年上升为 41.6%，也仅上升了 2.7 个百分点；但 1990 年普通中专的专任教师占教职工的比例为 47.2%，2000 年升至 52.5%，却上升了 5.3 个百分点。

中职专任教师数占教职工人数的比例逐年攀升有其历史及管理体制的原因，我国中等职业学校教职工中有很大一部分后勤、行政管理人员，由于中职学校专任教师极其短缺，这部分后勤、行政管理人员也开始从事教学，然而从后勤、行政岗位转岗的教师不仅未经过严格的教师从业资格培训，而且所掌握的知识和技能极其有限，势必会影响教学质量。从表 7.13 中等专业学校新增教师来源结构表中可以看出，中等专业学校新增加教师中，在校职工转为教师的比例一直持续增加。1991 年，中等专业学校新增加教师中，在校职工转为教师的比例为 11.26%，1998 年上升为 15.97%，1999 年上升为 18.95%。

表 7.13　　中等专业学校新增教师来源结构　　单位：人

年份		合计	当年分配毕业生	其他校教师调入		非教师调入	
				小计	其中：中等专业学校调入	小计	其中：本校职工转为教师
1991*	人数（人）	18644	10640	5056	1832	2948	2099
	比率（%）	100	57.07	27.12	9.83	15.81	11.26
1998*	人数（人）	22440	10267	7550	3860	4623	3583
	比率（%）	100	45.75	33.65	17.20	20.60	15.97
1999*	人数（人）	20109	8317	7090	3606	4702	3810
	比率（%）	100	41.36	35.26	17.93	23.38	18.95

注：表中标有 * 的数据为中等专业学校数据。

资料来源：笔者根据各年《中国教育统计年鉴》整理计算得出。

2003 年后，中等职业教育专任教师数占教职工人数的比例一直较高，而且仍在持续增加。2010 年，普通高中的专任教师数占教职工人数的比例为 25.9%，普通高等学校为 62.3%，中等职业教育却达到 71.3%，这一问题的出现确实值得大家重视。

四、专任教师学历水平发展落后于普通高中

1987～2001 年，我国中等专业学校专任教师的学历优于普通高中。中等专业学校中，高等学校本科毕业及以上学历的教师比例高于普通高中同等学历的教师比例；高等学校专科毕业及本专科肄业两年以上、高等学校本专科肄业未满两年、中专、高中毕业及以下学历的教师总比例低于普通高中。

以1991年为例，中等专业学校专任教师中高等学校本科毕业及以上学历的教师占总教师数的57.6%，而普通高中专任教师中高等学校本科毕业及以上学历的教师占总教师数的比例只为47.2%，约低10个百分点；中等专业学校其他学历的教师只占42.4%，普通高中其他学历的教师却占52.8%（见表7.14）。

表7.14 1987～2001年中等专业学校与普通高中专任教师学历情况比重

单位：%

年份	学校类别	合计	高等学校本科毕业及以上	高等学校专科毕业及本专科肄业两年以上	高等学校本专科肄业未满两年	中专、高中毕业及以下
1987	中等专业学校	100	51.5	29.9	0.9	17.7
	普通高中	100	40.1	45.5	1.6	12.8
1988	中等专业学校	100	52.6	30.8	0.7	15.9
	普通高中	100	41.3	46.4	1.4	10.8
1989	中等专业学校	100	54.1	30.8	0.6	14.5
	普通高中	100	43.5	46.0	1.4	9.1
1991	中等专业学校	100	57.6	30.2	0.9	11.4
	普通高中	100	47.2	45.3		7.5
1998	中等专业学校	100	69.5	24.1	0.6	5.8
	普通高中	100	63.5	34.4		2.1
1999	中等专业学校	100	71.5	22.8	0.6	5.1
	普通高中	100	65.9	32.5		1.7
2001	中等专业学校	100	73.9	21.1	0.8	4.2
	普通高中	100	70.7	28.4		0.9

资料来源：笔者根据各年《中国教育统计年鉴》整理计算得出。

然而，2002年以后，中等职业学校（机构）专任教师的学历劣于普通高中，具有研究生和本科学历的专任教师总比例低于普通高中，专科和中专、高中及以下学历的专任教师总比例高于普通高中。例如2003年，中等职业学校（机构）专任教师中具有研究生和本科学历的专任教师总比例为66.6%，而普通高中专任教师中研究生和本科学历的专任教师总比例却达到75.7%，中等职业学校（机构）比普通高中低9.1个百分点。更为甚者，随着时间的推移，这种差异日益增大。2010年，中等职业学校（机构）专任教师中具有研究生和本科学历的专任教师总比例为83.3%，而普通高中专任教师中研究生和本科学历的专任教师总比例却高达94.8%，相差11.5个百分点。由此发现，虽然中等职业学校（机构）专任教师的学历水平在不断发展，但始终赶不上普通高中的发展水平，而且差距越来越大（见表7.15）。

表7.15　2003～2010年中等职业学校（机构）与普通高中专任教师学历情况比重

单位：%

年份	学校类别	合计	研究生	本科	专科	中专、高中毕业及以下
2003	中等职业学校（机构）	100	1.1	65.5	30.2	3.3
	普通高中	100	0.9	74.8	23.7	0.6
2004	中等职业学校（机构）	100	1.3	67.9	28.0	2.8
	普通高中	100	1.0	78.6	20.0	0.4
2005	中等职业学校（机构）	100	1.6	70.3	25.7	2.5
	普通高中	100	1.2	82.3	16.2	0.3
2006	中等职业学校（机构）	100	1.9	72.4	23.4	2.3
	普通高中	100	1.4	85.1	13.3	0.3
2007	中等职业学校（机构）	100	2.3	74.4	21.3	2.0
	普通高中	100	1.8	87.5	10.5	0.2
2008	中等职业学校（机构）	100	2.8	76.3	19.8	1.2
	普通高中	100	2.2	89.3	8.3	0.1
2009	中等职业学校（机构）	100	3.4	77.9	17.8	1.0
	普通高中	100	2.8	90.8	6.3	0.1
2010	中等职业学校（机构）	100	4.0	79.3	15.9	0.8
	普通高中	100	3.6	91.2	5.1	0.1

资料来源：笔者根据各年《中国教育统计年鉴》整理计算得出。

综上所述，1990～2000 年，我国中等职业教育教职工数量不足，专任教师数量过小，生师比一直攀升，专任教师数占教职工人数比例偏高，专任教师学历水平发展落后于普通高中，种种迹象表明，我国中等职业学校严重缺乏“巧妇”。笔者认为这些客观现实的存在与笔者调研的 1993 届和 2002 届毕业生货币收益与非货币收益出现明显变化密不可分。

第八章

政策建议

一、政策建议

中等职业教育与普通高中教育是我国高中阶段两种不同的教育类型，它们并驾齐驱，为我国社会主义经济建设培养和输送了大批人才。然而，1999～2004年伴随着高等教育大规模扩招，中等职业教育发展缓慢，具体体现在中职学校数逐年下降、中职在校生数占高中阶段在校生数逐年降低等。2005年以后，尽管政府加大对中职的投入力度，但中职学校并未摆脱困境，招生困难，生源质量显著差于高中学生。

2007年秋季，国家对所有中等职业学校在校一、二年级农村学生（包括县以下非农户口）和城市家庭经济困难学生实行资助，标准是每个学生1500元/年，连续资助两年，共3000元。这一政策的实施，使中等职业学校90%左右的学生获得了资助。

2009年12月2日，国务院总理温家宝在主持召开的国务院常务会议上决定，从2009年秋季学期起，对公办中等职业学校全日制在校学生中农村家庭经济困难学生和涉农专业学生逐步免除学费。从2012年秋季学期起，我国中等职业教育免学费政策范围扩大到所有农村学生，同时进一步完善了中等职业教育国家助学金制度。

虽然国家出台一系列的政策对中职学生进行了大力资助，但中职学校发展还是不尽如人意，中职招生依旧困难，在校生辍学率逐年攀升，根据教育部发展规划司统计处在校生辍学率的计算公式，笔者计算了中等职业学校的辍学率（见表 2.2）。1991 年，我国中等专业学校的辍学率仅为 0.14%，1999 年升至 1.12%，2005 年中等职业学校（机构）达到 2.03%，之后快速上升，2008 年达到 6.09%，2010 年达到 6.54%。与 1991 年中等专业学校在校生的辍学率相比，2010 年中等职业学校在校生的辍学率是 1991 年的近 50 倍。这样就引发了一个问题是，2010 年和 1991 年的中职学生均能受到很好的资助，但辍学率为什么却是天壤之别呢？这个问题在一定程度上能说明，影响学生进行人力资本投资的最重要因素是个人的未来收益，而非求学成本。

这一结论在书的追踪调查中得到了很好的印证。笔者取样了湖南省 1993 届和 2002 届中等职业学校毕业生和普通高中毕业生，调查了他们当年的求学成本，分析了他们当前的个人收益，这种个人收益不仅包括货币收益，而且也包括非货币收益，发现 1993 届中职毕业生个人收益较高，工作满意度较高，为地方经济发展作出了较大的贡献，而 2002 届中职毕业生换工作频数多，工作满意度较低，经过三年职业训练的中职就业者居然与毫无技能的高中就业者个人收益不存在显著性差异，可以说，这是教育资源的浪费。

其实，要想真正发展中职教育，当前的核心任务是提高中职的办学质量，提高生源质量，提高中职毕业生的个人收益，才能够真正达成发展中职的政策目标。单纯靠降低私人教育成本的举措，包括免除学费，并不一定是有效的激励机制。因此，笔者认为，发展中等职业教育可以有以下途径：

（一）适度控制中等职业教育规模，“保持普通高中和中等职业学校招生规模大体相当”这一政策值得商榷

2011 年，《教育规划纲要》要求“加快普及高中阶段教育，合理确定普

通高中和中等职业学校招生比例，今后一个时期总体保持普通高中和中等职业学校招生规模大体相当”，这一要求的提出是基于两个原因：一是2000～2004年我国高中阶段教育学生数中，中等职业教育学生数所占比例逐年下降，从2000年的49.9%下降到2004年的38.6%，而普通高中学生数所占比例逐年上升，2000年为48.8%，2004年升至60.8%，形成了“一条腿长，一条腿短”中等教育结构失衡的局面。二是随着以知识经济为特点的新世纪到来，传统的劳动密集型产业日渐衰落，我国制造业领域出现了“技工荒”，新世纪呼唤职业教育的发展。因此，一方面中等职业教育学生数萎缩，另一方面技工严重短缺，两方面原因促使政府进一步重视中等职业教育的发展。随着政府对中等职业教育投入的增加，尤其是对中职学生资助制度的建立，中职招生数逐年攀升，中等职业教育学生数占高中阶段在校生数的比例从2004年的38.6%增加到2010年的47.9%，中职学生数与高中学生数大致平衡。

然而，伴随中职的大规模扩招，本来在结构、质量、特色等方面就存在不少问题的中职学校出现了生均教育资源占有量进一步走低，教育质量下降，教育产出堪优，最终导致教育效益下滑等现象。就笔者所调查的1993届中职和高中毕业生样本来看，中职毕业生能获得较强的就业优势，得到较高的个人收益，这种个人收益不仅包括货币收益，也包括非货币收益。与高中就业者相比，中职就业者能显著提高工作满意度，减少工作时间在一年以下的单位数量，降低失业时间，减少失业次数，降低换工作频数，优化工作环境，在单位能获得更多的培训机会，争取具有挑战性的工作，享受更多的福利政策，促使不同的劳动者与不同的工作相匹配、降低离职意愿。但就笔者所调查的湖南省2002届中职和高中毕业生追踪样本来看，中职就业者与高中就业者之间不仅货币收益不存在显著性差异，并且非货币收益不存在显著差异，中职路径就业者不仅个人货币收益显著低于高中路径就业者，而且非货币收益也显著低于普通高中教育路径就业者。该结论表明，21世纪初期，我国中职学生通过三年的专业学习，居然与高考落榜、毫无专业技能的高中毕业生所获得的非货币收益基本相同，根本体现不出任何就业优势。造成这种现象的原因很多，笔者认为生均教育资源占有量持续走低是其中重要的原因之一，因为生均教育资源占有量影响学校的教学质量，影响学生的学习条件，影响学生的产出质量，从而影响学生的就业和个人收益。

因此，如果我国政府过于强调中等职业学校招生规模要与普通高中大体相当的话，可能会造成如下问题：其一是中职学校招生困难，学生对中职学校并不感兴趣，地方政府为完成任务而苦恼重重；其二是随着学校在校生数进一步增多，生均教育资源占有量进一步走低，教育质量没法保证，教育产出堪忧，最终导致教育资源浪费，效益低下；其三是由于教育质量没法保证，中职学生在学校达不到预期的学习目的，学生没有兴趣学习，辍学率将进一步上升。

基于此，笔者尝试提出一个设想，不妨分两步走：第一步，在保持现有招生规模的基础上，国家重点将有限的职业教育经费投向学校设施设备以及师资的建设，让中职学生在学校学有所获，拥有一技之长，毕业后获取较高报酬，得到较高收益。这样，随着中职毕业生收益的提高，中职学校的招生就不再成为难点，从而实现良性循环，加快中职的发展。第二步，当中职发展到一定阶段，师资力量较为雄厚，设备设施较为完善，学生动手能力亦能得到较好培养，这个时候，我国可以按照目标逐步放开招生脚步，实现中职教育与普通高中教育平衡发展的局面。

综上所述，在当前条件下，适度地控制中等职业教育规模，是有利的。随着各方面条件成熟再逐渐扩大中等职业学校招生规模，保持与普通高中大体相当。

（二）加大政府对中等职业教育的投入，多渠道筹集教育经费

我国教育经费仍以政府投入为主，国家财政性教育经费占全部教育经费的60%以上。目前已经形成政府投入、社会团体和公民个人办学、社会捐资和集资办学、收取学费和杂费及其他经费等多种形式、多元化的教育资金来源。2012年，虽然全国公共财政性教育经费支出21165亿元，占国内生产总值（GDP）之比二十年来首次突破4%。① 但同世界发达国家和某些发

① 《2012年教育经费支出占GDP比例首次达到4%》，中国青年网，2013－03－05，http：//www. nbd. com. cn。

展中国家比较，仍存在较大差距。根据1995年的数据，世界平均水平为5.2%，高收入国家为5.5%，中等收入国家为4.5%，低收入国家为5.5%。[①] 我国经过长期不懈的努力，但仍未达到1995年的世界平均水平。

在国家财政性教育经费支出严重不足的情况下，我国各级各类教育之间教育经费支出差距亦较大（见表8.1）。2008年，普通本科学校生均教育经费支出为20307.98元，高等专科学校为10997.42元，高等职业学校为11659.42元，中等职业学校为7274.68元，其中中等专业学校为7608.01元，职业高中6765.83元，技工学校6696.59元，普通高中为6243.42元。教育部职业教育与成人教育司副司长刘占山指出，有经济学家做过测算，职业学校的生均培养成本是同等规模普通高中的3倍，一些工科专业甚至更高。[②] 而我国高中阶段中等职业学校的生均教育经费支出仅仅略高于普通高中，高等职业学校的生均教育经费支出远低于普通本科院校，约为普通本科院校的一半，这一数据与职业教育需要的大量生均培养成本严重不符。

表8.1　　2008年我国生均教育经费支出　　单位：元

学校类别	总计	事业性经费支出			基本建设支出
		小计	人员经费	公用经费	
普通本科学校	20307.98	18752.14	8139.16	10612.98	1555.84
高等专科学校	10997.42	10267.46	5102.97	5164.49	729.95
高等职业学校	11659.42	11023.96	4894.32	6129.64	635.46
中等职业学校	7274.68	7026.53	4047.87	2978.66	248.16
中等专业学校	7608.01	7396.48	4137.60	3258.88	211.53
职业高中	6765.83	6530.62	3852.75	2677.87	235.21
技工学校	6696.59	6216.30	3339.78	2876.51	480.30
普通高中	6243.42	6065.17	3521.91	2543.27	178.25

预算内教育经费支出是衡量政府投入状况的一个重要指标。2008年，

① 戴罗仙主编：《财政学》，长沙：中南大学出版社2011年版，第81页。
② 《100亿仍难解职教经费之渴　制度创新也是经费》，《中国青年报》，2006年9月28日。

我国普通本科学校生均预算内教育经费支出为 9551. 79 元，普通高等专科学校为 5451. 20 元，高等职业学校为 4827. 81 元，中等职业学校为 3939. 59 元，其中中等专业学校为 3977. 59 元，职业高中为 3832. 51 元，技工学校为 3213. 56 元。而普通高中为 3334. 46 元（见表 8. 2）。从不同级别的教育来看，中等职业学校的生均预算内教育经费支出仅占普通本科学校的生均预算内教育经费支出的 41. 24%；从同一级别的教育来看，中等职业学校生均预算内教育经费支出仅略高于普通高中，并且中等职业学校生均教育经费支出为 7274. 68 元，中等职业学校生均预算内教育经费支出占生均教育经费支出的比例为 54. 15%，而普通高中生均教育经费支出为 6243. 42 元，普通高中生均预算内教育经费支出占生均教育经费支出的比例为 53. 41%，两者基本持平，也就是说，目前政府对于这两种不同类型的教育所承担的财政责任基本相同。

表 8. 2　　2008 年我国生均预算内教育经费支出　　单位：元

类别		总计	事业性经费支出			基本建设支出
			小计	人员经费	公用经费	
普通本科学校		9551. 79	8752. 76	4902. 20	3850. 57	799. 03
普通高等专科学校		5451. 20	5017. 34	3087. 50	1929. 50	433. 86
高等职业学校		4827. 81	4528. 14	2896. 75	1631. 40	299. 66
中等职业学校	金额	3939. 59	3809. 27	2899. 03	910. 24	130. 32
	比率（%）	100	96. 69	—	—	3. 31
中等专业学校		3977. 59	3879. 82	2839. 77	1040. 05	97. 77
职业高中		3832. 51	3696. 63	2921. 72	774. 91	135. 89
技工学校		3213. 56	2998. 78	2110. 64	888. 14	214. 78
普通高中	金额	3334. 46	3204. 70	2508. 49	696. 21	129. 76
	比率（%）	100	96. 11	—	—	3. 89

注：中等职业学校包括普通中专、成人中专、职业高中和技工学校。

从产品属性来看，20 世纪 90 年代以前，我国中等职业教育沿袭了以往毕业生包分配的做法，入学竞争激烈，是一种具有较强私人产品属性的准公共产品。进入21世纪，随着高等教育规模的扩张，以及中职教育毕业分配体制的改革，我国中职教育发展进入调整期。在这个阶段，中职教育发展速度放缓，招生出现困难，中职教育的公共性明显增强，私人性有所弱化，具体体现在：一方面，中职招生困难致使它的“拥挤成本”下降，非竞争性增强，同时又增添了许多新的社会功能，外部性增强；另一方面，其个人的教育收益率有所下降，这弱化了中职教育产品的私人化，强化了公共性，使其更接近于公共产品。[①] 中职教育产品属性发生变化，这也要求政府承担的财政责任也发生相应的变化。

从生均预算内教育经费支出的性质来看，2008年我国中等职业学校事业性经费支出为3809.27元，占生均预算内教育经费支出的96.69%，基本建设支出仅占3.31%，而普通高中事业性经费支出为3204.70元，占生均预算内教育经费支出的96.11%，基本建设支出占3.89%。这两种类型的教育经费支出性质差别不大，但职业教育是一种重视实训基地建设，需要大量设备设施，注重培养学生动手能力的教育。在我国中等职业教育投入严重不足，设备设施还极不完善的情况下，基本建设支出占生均预算内教育经费出支出的比例相对高一点是合理的，也是必需的，更符合职业教育发展需要的。

从事业性经费支出的性质来看，2008年我国中等职业学校人员经费支出为2899.03元，占事业性经费支出的76.10%，公用经费支出为910.24元，只占事业性经费支出的23.90%，这说明我国中等职业学校目前仍处于“保运转”的状态。加大中职的投入力度，确保教育经费的充足使用，是促进我国中职教育事业发展的前提和保证。

除加大政府投入，稳定教育经费来源外，在政府统筹管理下应积极拓宽教育经费其他筹措渠道，通过建立完善的教育投资和捐赠法律规范以及有效的激励机制，吸引和鼓励企业事业组织、社会团体及其他社会组织和公民个人等各种力量来进行办学投入，形成多渠道办学投入机制。

---

① 季俊杰：《试析教育产品属性与学费定价的关系——以中职教育免费政策为例》，载于《教育发展研究》，2010年第3期。

（三）加大对中职学校仪器和设备的更新和投入

本书的研究发现，2002 届毕业生的中职就业者和高中就业者之间的货币收益与非货币收益不存在显著性差异。中职路径和高中路径毕业生追踪样本显示，从就业者换工作单位数量、工作时间在一年以下的单位数量、失业累计次数、失业时间、获得的培训机会、享受的福利政策、就业者感觉自己在单位是否有发展前途、就业者在工作过程中能否持续不断地学习新东西、就业者对自己所在单位管理状况的评价、就业者对自己所处工作环境的评价、就业者的工作满意度以及目前的离职意愿这些指标来看，中等职业教育路径就业者的非货币收益显著低于普通高中教育路径就业者的非货币收益。这一研究结果充分表明了我国目前的中职教育没有体现出专业优势，中职学生通过三年的专业学习，居然与高考落榜、毫无专业技能的高中毕业生的收益基本相同。本书研究结论其实也映射出国家值得关注的部分统计数据，例如，中等职业学校（机构）毕业生获得职业资格证书比例并不高。2007 年，中等职业学校（机构）毕业生获得职业资格证书比例最高的是加工制造类专业，通过率也只有 67.5%，最低的是医药卫生类专业，仅为 28.8%。[①] 这一比例不得不令人担忧。

造成这种现象的原因很多，经费严重不足、设备严重老化是制约职业学校发展的主要因素。笔者认为，在教育投入的严重不足、教学设备的严重缺乏、“黑板上种田、教室里开机器”的条件下能培养出符合市场需求的专业技术人才也是无稽之谈。只有在中职学校培养出优秀的适应市场需求的专业人才获取较高个人收益，真正解决“出口畅”的问题的条件下，才能使中职学校呈现“进口旺”的良性发展。

要培养操作技能高、动手能力强的优秀中职学生，就必须实施让学生既懂理论又懂操作的教学模式，这种教学模式就要求有大量的供学生操作的、先进的设备设施。如上所述，在我国职业教育经费投入严重不足的条件下，笔者认为，政府首要任务就是加大对中职学校的投资，更新教学设备，让目

① 韩进主编：《中国教育年鉴 2008》，北京：人民教育出版社 2009 年版。

前中职学生在学校真正地做到学有所获，提高技能，培养动手能力，以期学生工作后进入工厂就能直接上岗操作机器。

（四）加强师资力量培训，优化师资队伍

2002届毕业生的中职就业者和高中就业者之间的收入不存在显著性差异。这一研究结果其实也暗示了我国中职教育的师资力量相当薄弱，学生通过三年的专业学习，居然与高考落榜、毫无专业技能的高中毕业生的收益基本相同。因此，要培养出适应市场、动手能力强的中职毕业生，培养优秀的师资必不可少。

教育部《关于“十二五”期间加强中等职业学校教师队伍建设的意见》中提出“十二五”期间中等职业学校教师队伍建设的工作目标：队伍规模进一步扩大。到2015年，专任教师生师比降到20:1以下，专业教师中兼职教师的比例占到30%以上，全国中等职业学校专兼职教师总量达到135万人左右。素质结构进一步优化。专任教师中，学历达标率超过95%，研究生层次教师比例逐步提高；“双师型”教师占专业教师的比例达到50%。

因此，根据教育部《关于“十二五”期间加强中等职业学校教师队伍建设的意见》，结合目前我国中职教育的师资实际情况，笔者提出以下建议：

1. 增加专任教师数量。专任教师的数量与质量在一定程度上决定着职业教育的特色，从而决定在着职业教育的总体质量。

表7.10中显示：2010年，我国中等职业学校专任教师数大约为87.15万人，而表7.11则显示2010年我国中等职业学校生师比为25.69:1，按照2015年生师比要达到20:1的比例要求，假设在不继续扩大招生规模的情况下，则预测到2015年的专任教师缺口为24.78万人，每年需新增专任教师数约4.96万人（见表8.3）。

表8.3　2010年中等职业学校（机构）专任教师缺口分析　单位：万人

2010年			按20:1的生师比预测2015年专任教师数	
专任教师数	生师比	在校生数	预测专任教师数	专任教师缺口
87.15	25.69	2238.5	111.93	24.78

增加专任教师的数量，应拓宽师资来源渠道，可通过外部引进和内部培养两方面来进行。在外部引进方面，一是通过制定相关政策，鼓励本科以上毕业生积极到中等职业学校任教；二是通过提高待遇，吸收企业里一些优秀的专业技术人员和实践经验丰富的专业技术人员来学校担任专任教师；三是以市场机制为导向，从社会上招聘优秀的专业技术人才来校任教。在内部培养方面，中职学校应按照国家制定的教师培训和培养机制要求建立自己的培训基地和教师培训系统，建立健全教师培训制度和考核体系，建立健全教师企业实践制度，提高教师的学历层次和专业技能以及实践经验，从而在提高教学质量的基础上使得专任教师数量不断增加，满足我国中等职业教育发展对专任教师的需求。

2. 补充兼职专业教师量。按照教育部"十五"期间提出的"专业课教师在教师总量中的比例达到60%左右"这一要求，参照表8.4中预测的专任教师数进行测算，2015年专业教师数应为67.16万人，而关于教育部"十二五"期间提出"专业教师中兼职教师的比例占到30%以上"的要求，兼职专业教师在2015年应达到20.15万人。表7.26中显示，2010年我国中等职业学校（机构）聘请兼职专业教师数仅为10.18万人，缺口9.97万人，每年需补充约2万人。

兼职专业教师的补充主要可通过从企业引进和社会聘请来解决。首先，在学校与企业以及行业之间建立通畅的人才交流与沟通平台，建立兼职教师人才库和共享机制。其次，政府建立灵活机制，给学校适当放权，赋予学校一定的用人自主权。最后，学校可以根据自己的教学和发展需要，制定一些吸引人才的有效措施，从企业和社会中吸收一些优秀人才来校兼职担任专业教师。

3. 提高"双师型"教师比例。中等职业教育是在九年义务教育的基础上培养数以亿计的技术型、技能型应用人才和高素质劳动者的教育，与普通教育相比，职业教育的一大特点是，受过职业教育的学生操作技能高、动手能力强。要培养操作技能高、动手能力强的优秀中职生，就必须实施让学生既懂理论又懂操作的教学模式，这种教学模式也要求有充裕的、既有技术又有能力的"双师型"教师。

近些年来，尽管“双师型”教师占专业课、实习指导课教师的比例在逐步回升，但总体来说，所占比例并不高。表 8.4 中显示，2003 年“双师型”教师占专业课、实习指导课教师的比例仅为 19.33%，2007 年为 29.48%，2010 年也只达到 38.01%，这一比例还是比较偏低。按照教育部“十二五”期间提出的“到 2015 年，‘双师型’教师占专业教师的比例达到 50%”这一要求，在 2010 年的基础上，每年需按约 2.4% 的比例递增。

表 8.4　　2003～2010 年中等职业学校（机构）分科专任教师

年份	合计	文化基础课		专业课、实习指导课			
		人数（个）	占专任教师数的比例（%）	人数（个）	占专任教师数的比例（%）	其中：双师型（个）	双师型教师占专任教师数的比例（%）
2003	553047	265431	47.99	287616	52.01	55609	19.33
2004	565176	273478	48.39	291698	51.61	63265	21.69
2005	583159	279824	47.98	303335	52.02	72632	23.94
2006	617422	290978	47.13	326444	52.87	88664	27.16
2007	650716	300136	46.12	350580	53.88	103337	29.48
2008	670483	304962	45.48	365521	54.52	115665	31.64
2009	678703	301954	44.49	376749	55.51	129928	34.45
2010	678201	295696	43.60	382505	56.40	145385	38.01

资料来源：笔者根据各年《中国教育统计年鉴》计算得出。

提高“双师型”教师的比例，建立“双师型”专业教师团队，一方面，要积极鼓励教师到企业深入调查和实践，了解并学习企业的生产设备和工艺技术，以及先进的管理水平，积累教学所需的技能和实践经验；另一方面，通过对教师不断的培训，鼓励和要求教师参加各种专业技术职务资格考试，获得相应的专业技术职称，成为“双师型”教师。

（五）发挥政府的主导作用，促进校企合作

中等职业教育是高中阶段教育的重要组成部分，坚持工学结合、校企合

作、顶岗实习的人才培养模式，注重“做中学、做中教”，重视理论实践一体化教学，强调实训和实习等教学环节，突出职教特色。

要真正使中职毕业生提高个人收益，“校企合作，工学结合”的人才培养模式必不可少。职业教育的发展离不开与企业的合作，但在市场经济中，企业是自主经营、自负盈亏的市场主体，校企合作意味着企业要投入一定的成本，参与“职业教育”这一准公共物品的生产，却基本上得不到收益，或者说得不到直接收益。这样可以想象，很难有理性的企业愿意做这种赔本的生意。所以，要使校企合作真正落到实处，产生良好的合作效益，政府必须要发挥主导作用，协调合作双方的利益，在政策、财政等诸多方面给予支持，如对企业减免部分税收、制定和完善有关法规、促进双方签订合作内容、评估合作成果等，可以说，只有政府在政策和财政等方面支持校企合作，扫除校企合作的障碍，才能真正地协调校企双方利益，实现校企合作。在校企合作过程中，企业不但能为学校提供设备设施和技术支持，更为学生提供深入生产实际，学习生产技术、先进管理水平和实践活动以及创新能力的实习机会，从而提高学生的实际动手能力，让学生得到职业应用技术的培养和养成良好的职业素质，进而达到学生一毕业就能上岗，实现中职教育培养的最终目的。

（六）打通中、高职衔接的通道

中职的货币收益与非货币收益研究告诉我们，2002 届毕业生中职和高中就业者之间的收入不存在显著性差异，但中职路径和高中路径就业者之间收入差异显著，其主要原因在于我国的中职教育几近终结性教育，绝大部分毕业生进入劳动力市场，缺乏继续接受教育的机会；而高中毕业生大部分都能继续进入本科或专科院校上大学。笔者认为这种教育体制所导致的中职路径就业者的收入显著低于高中路径就业者的收入，在一定程度上造成了我国曾经存在的“普高热、职高冷”和目前的中职在校生辍学率节节攀升的种种现象。

要打通中、高职衔接的通道，笔者认为重要的是要改革当前我国的高考招生制度。长期以来，我国的高职招生制度类似于普通高等院校，招收绝大部分的高中毕业生和小部分中职毕业生，所有考生都是通过高考，考试内容与普通高校招生相同，不需要加考任何专业课，只不过录取分数相对较低。于是，在高考“指挥棒”的引导下，高职院校就沦为了普通高校落榜生的“收容所”，高中学生高考落榜，还可以进入高职院校接受教育，然而中职毕业生除了高职院校极少量名额用于“对口招生”引导中职学生参加高考外，绝大部分学生别无选择，只有直接进入劳动力市场实现就业。其实，中等职业教育是高中阶段教育的重要组成部分，重点培养技能型人才，发挥基础性作用；高等职业教育是高等教育的重要组成部分，重点培养高端技能型人才，发挥引领作用。中等职业教育和高等职业教育本应是同一类别不同级别的教育，因此，在招生上应该属于上下级别，其专业、课程、教材体系、教学与考试评价应该统一、完善，从而增强职业教育整体的吸引力。笔者认为，在终身教育思想的指导下，学校职业教育只能被看作是人整个一生中所接受教育的一部分，属于阶段性教育，而非终结性教育。因此，改革当前我国的高考招生制度，建立和完善中、高职相互衔接的机制，实行普通教育与职业教育不同的招生方式，变终结性的中等职业教育为阶段性的教育，为中职学生提供继续接受高一级职业教育或普通教育的机会，在一定程度上能够提供中职毕业生的个人收益。

二、本书的不足之处

本书追踪了湖南省 1993 届和 2002 届中等职业教育和普通高中教育毕业生的成本收益状况，不仅分析了同届之间不同教育类型的成本收益，而且分析了不同届之间的成本收益差异；不仅分析了不同受教育程度就业者的收益状况，而且分析了不同路径受教育者的收益状况；不仅分析了就业者的货币收益，而且分析了就业者的非货币收益。这种实证分析可以说是一次全新的尝试，在国内从来没有学者做过。由于笔者的理论水平浅薄，加上时间有限，本书研究存在众多不足之处。

1. 样本数据有限。由于笔者追踪的是湖南省 1993 届和 2002 届中等职业教育和普通高中教育毕业生的成本收益，而这些毕业生分布在全国的各个角落，有部分同学与班级其他人失去联系，课题组无法追踪到这部分人的成本收益状况，尽管课题组已尽最大努力尽可能获得毕业生人数，但样本不是很全面，数据有限。另外，就是部分就业者对收益状况比较敏感，不愿意透露自己的收益信息，因此给调研带来很大的难度。笔者理想的数据应该是全国东、中、西部各取 3 个省，每个省各取 3 个县或市做调研，这样数据量就会更大，说服力就会更强。

2. 教育的非货币收益涵盖的范围很广，不止笔者选取的十多个指标。由于当时制作调研问卷的时候考虑到被调研者难以配合等因素，故选取的指标相对较少。根据国外的研究，笔者其实还可以继续深入探讨，为国家职业教育改革方案提供更多的依据。

上述的不足之处，笔者将留为日后研究的目标。“路漫漫其修远兮，吾将上下而求索”。

附　　录

课题《中等职业教育与普通高中教育成本效益对比研究》

调查问卷

亲爱的朋友，您好！这份问卷估计将花掉您30分钟左右的时间，请您认真填写，并在此对您表示深深的感谢！最好的祝福送给您和您的家人！

填写说明：请将您的具体选项标注在选择题前的括号内；填空题则直接填写答案。谢谢合作！

一、您的基本信息

1. 性别：　A. 男　　B. 女

2. 民族：　A. 汉族　B. 少数民族

3. 出生年月：　19（　　）年（　　）月

4. 第一次参加工作的时间：　19（　　）年（　　）月；

高中/中专/技校/职业高中/成人高中毕业的时间：　19（　　）年（　　）月

（　　）5. 您现在居住的地区属于：A. 直辖市和省会城市　B. 地级城市

C. 县或县级城市　　D. 镇或农村

（　　）6. 您的户口所在地：A. 直辖市和省会城市　B. 地级城市

C. 县或县级城市　　D. 镇或农村

（　　）7. 您的文化程度是（各层次文化程度中都包含在校生和肄业生）：

A. 高中　B. 中专/技校/职业高中/成人高中　C. 高职

D. 大专　E. 本科　F. 硕士　G. 博士

（　　）8. 您高中阶段的教育属于：

A. 高中　B. 中专　C. 技校　D. 职业高中　E. 成人高中

（　　）9. 您接受高中阶段教育的学校性质是：

A. 公办学校　B. 民办学校　C. 其他

（　　）10. 您参加高考的次数？　A. 没有参加　B. 1 次　C. 2 次　D. 3 次及以上

（　　）11. 您就读大学的学校类型（没有读过大学者不填）：

A. 公办高校　B. 民办高校　C. 其他

（　　）12. 您所受大学教育属于（没有读过大学者不填）：

A. 高职教育　B. 专科教育　C. 本科教育

（　　）13. 您目前的就业情况：（选 B 的人员，请将具体的选项填写在题号前的括号里）

A. 工作

B. 不工作（　　）（请填答以下选项：

a. 丧失劳动能力者　　b. 家务劳动者

c. 下岗职工　　d. 待业人员

e. 待分配者　　f. 待升学者

g. 在校学生　　h. 其他非就业者）

（　　）14. 您所在的行业（就业人员请按现在的工作状况填写，不就业者不用填）：

A. 农、林、牧、渔业　B. 采矿业

C. 制造业　D. 电气、燃气及水的生产和供应业

E. 建筑业　F. 交通运输、仓储和邮政业

G. 信息传输、计算机服务和软件业　H. 批发和零售业

I. 住宿和餐饮业　J. 金融业

K. 房地产业　L. 租赁和商务服务业

M. 科学研究、技术服务和地质勘查业　N. 水利、环境和公共设施管理业

O. 居民服务和其他服务业　P. 教育

Q. 卫生、社会保障和社会福利业　R. 文化、体育和娱乐业

S. 公共管理和社会组织　T. 国际组织　U. 军队

（　　）15. 您的职业（选 A 或 C 的人员，请将具体的选项填写在题号前的括号里，就业人员请按现在的工作状况填写，不就业者不用填）：

A. 各类专业技术人员（　　）

（请具体填答下列选项：

a. 科学研究人员　b. 工程技术人员和农林技术人员

c. 科学技术管理人员和辅助人员　d. 飞机和船舶技术人员

e. 卫生技术人员　f. 经济业务人员

g. 法律工作人员　h. 教学人员

i. 文艺、体育工作人员　j. 文化工作人员

k. 宗教职业者　l. 其他）

B. 国家机关党群组织、企事业单位负责人：技术职称（　　），行政职务（　　）

C. 办事人员和管理人员（　　）

（请具体填答下列选项：

a. 行政办事人员　b. 政治、保卫工作人员

c. 邮电工作人员　d. 其他办事人员和有关人员

e. 无专业职称也无大学或中专文化程度的经济管理专业人员）

D. 商业工作人员

E. 服务性工作人员

F. 农林牧渔劳动者

G. 生产工人、运输工人和有关人员

H. 自由职业

I. 不便分类的其他劳动者

二、收益信息

（一）经济收益信息：

16. 近五年您的平均年收入约（不含配偶收入）：（　　）万元。

（二）非经济收益信息——工作满意度调查：

（　　）17. 您的就业与您在职业高中/中专/技校/成人中专/大学的学习（职业学校及大学毕业的人填写）：

A. 高度相关　B. 比较相关　C. 一般　D. 不太相关　E. 完全不相关

（　　）18. 职业高中/中专/技校/成人中专的技能教学对您的就业（职业学校毕业的人填写）：

A. 很有帮助　B. 比较有帮助　C. 一般　D. 帮助不大　E. 完全没帮助

(　　) 19. 参加工作至今您转换过的工作单位数量为：

A. 没有　B. 1 个　C. 2 个　D. 3 个　E. 4 个及以上

(　　) 20. 工作时间在一年及一年以下的工作单位数量为：（没有换过工作者不填）

A. 没有　B. 1 个　C. 2 个　D. 3 个　E. 4 个及以上

(　　) 21. 自离开学校以来，您失业的次数累计为：

A. 没有失业　B. 1 次　C. 2 次　D. 3 次　E. 4 次及以上

(　　) 22. 您失业时间累计达：（没有失业经历者不填）

A. 三个月及三个月以下　B. 三个月至半年　C. 半年至一年

D. 一年至三年　E. 三年及三年以上

(　　) 23. 您换工作的最主要原因是：（单选，未换过工作的人不填）

A. 工作终止（临时工作/被解聘/下岗/单位倒闭）

B. 与上学有关的原因，如升学、出国留学等

C. 因不满意而辞职

D. 找到一份更好的工作或被提升

E. 健康或身体原因（如生病、受伤、怀孕等）

F. 家庭原因（搬家 \ 子女上学 \ 解决两地分居）

G. 其他原因

(　　) 24. 参加工作以来，您工作的所有单位给您提供的培训机会：

A. 相当多　B. 比较多　C. 一般　D. 比较少　E. 完全没有或者基本没有

(　　) 25. 您现在是属于（失业者不填）：

A. 公务员编制　B. 事业单位编制　C. 一般雇佣劳动关系　D. 独立创业

(　　) 26. 您现在单位享受的福利政策有（可多选，失业者不填）：

A. 免费健康体检　B. 带薪假期　C. 养老保险　D. 失业保险　E. 医疗保险

(　　) 27. 您认为自己的能力在目前的单位是否得到了充分发挥（失业者不填）：

A. 已尽我所能　B. 完全发挥　C. 没感觉

D. 对我的能力有些埋没　E. 没有能让我施展的机会

（　　）28. 您认为自己在目前的单位工作有没有发展前途（失业者不填）：

A. 很有前途　B. 有前途　C. 说不准　D. 没有前途　E. 根本没有前途

（　　）29. “通过做目前的工作，我能持续不断地学到一些新东西”，你同意这种说法吗（失业者不填）：

A. 非常同意　B. 比较同意　C. 一般　D. 不太同意　E. 完全不同意

（　　）30. 您是否同意“当您的朋友寻找工作时，您会推荐您目前的单位”（失业者不填）

A. 非常同意　B. 同意　C. 中立　D. 不同意　E. 强烈反对

（　　）31. 您对您的单位管理状况的看法是（失业者不填）：

A. 非常好　B. 较好　C. 一般　D. 较差　E. 非常差

（　　）32. 您对目前的待遇是否满意（失业者不填）：

A. 很满意　B. 较满意　C. 一般　D. 不满意　E. 完全不满意

（　　）33. 您认为目前您的工作环境（失业者不填）：

A. 很好　B. 较好　C. 一般　D. 较差　E. 很差

（　　）34. 您认为目前您的工作单位给您提供的培训机会（失业者不填）：

A. 很多　B. 较多　C. 一般　D. 较少　E. 极少

（　　）35. 对现在工作的总体满意度（失业者不填）：

A. 很满意　B. 较满意　C. 一般　D. 不满意　E. 完全不满意

（　　）36. 您现在工作的离职意愿（失业者不填）：

A. 我对我的工作很满意，根本没有离职的打算

B. 工作还过得去，暂时不考虑

C. 不确定

D. 一直在寻找机会离开本单位，但没有合适的

E. 即使现单位不解聘，也打算换一个工作单位

三、当年求学费用支出信息

37. 您在读普通高中/职高/中专/技校/成人中专期间每年的开支约为：

学杂费约：(　　　) 元

住宿费约：(　　　) 元

班费约：(　　　) 元

书本、文具、学习资料（含复印、打印）等约：(　　　) 元

在校花费的生活费（伙食费）约：(　　　) 元

为上学而花费的交通费约：(　　　) 元

课外学习班（各类兴趣班/培训班等）学费及所需书本、文具或工具费约：(　　　) 元

其他费用约：(　　　) 元

38. 您在读普通高中/职高/中专/技校/成人中专期间每年在学校获得的收入约：

减免学杂费约：(　　　) 元

奖学金约：(　　　) 元

助学金、困难补助约：(　　　) 元

其他费约：(　　　) 元

39. 您在读职高/中专/技校/成人中专最后一年里参加实习的收入约：(　　　) 元

(高中阶段就读于职高/中专/技校/成人中专的人员填写)。

40. 如果您高中阶段就读于职高/中专/技校/成人中专，您的专业是(　　　)。

谢谢合作！

参考文献

（一）中文文献

1. 王善迈：《教育投入与产出研究》，河北教育出版社1996年版。

2. 王善迈、袁连生：《2001年中国教育发展报告——90年代后半期的教育财政与教育财政体制》，北京师范大学出版社2002年版。

3. ［美］M. 卡诺依编，闵维方等译：《教育经济学国际百科全书（第二版）》，高等教育出版社2000年版。

4. ［美］J. M. 伍德里奇：《计量经济学导论现代观点》，中国人民大学出版社2003年版。

5. ［美］雅克·菲兹－恩兹，尤以丁译：《人力资本的投资回报》，上海人民出版社2003年版。

6. ［美］詹姆士·J·海克曼，曾湘泉等译：《提升人力资本投资的政策》，复旦大学出版社2003年版。

7. ［美］弗雷德里克·哈毕森：《教育、人力与经济发展——人力资源开发的战略方针》，山东人民出版社1991年版。

8. 王善迈等著：《公共财政框架下公共教育财政制度研究》，经济科学出版社2012年版。

9. 李兰兰：《教育财政视角下的中等职业教育困境分析》，载《继续教育研究》2007年第3期。

10. 李兰兰：《论公共物品由私人提供的前提》，载《黑龙江社会科学》2007年第1期。

11. 李兰兰：《初中学生对高中阶段入学选择实证研究》，载《职教论坛》2009年第8期。

12. 李兰兰、成刚:《中职成本、收益变化对初中学生入学意愿的影响研究》,载《职教论坛》2009年第12期。

13. 李兰兰、洪联英:《向内需主导型发展模式转型的调整战略研究》,载《求索》2011年第7期。

14. 李兰兰:《美国社区学院绩效拨款机制及其对我国高职院校发展的启示》,载《职教论坛》2011年第6期。

15. 赖德胜:《教育、劳动力市场与收入分配》,载《经济研究》1998年第5期。

16. [美] 亨利·莱文,曾满超等译:《高科技、效益、筹资与改革——教育决策与管理中的重大问题》,人民日报出版社1995年版。

17. 旷乾:《教育资源配置中的政府与市场——基于中国现状的分析》,广西教育出版社2007年版。

18. 许云昭:《超越差距——中外职业教育比较研究》,湖南教育出版社2009年版。

19. 陈国良:《教育筹资》,高等教育出版社2000年版。

20. 黄尧:《21世纪初中国职业教育宏观政策研究》,高等教育出版社2006年版。

21. 蒋鸣和:《教育成本分析》,高等教育出版社2000年版。

22. 牛征:《职业教育经济学研究》,天津教育出版社2002年版。

23. 黄育云:《职业技术教育在中国》,电子科技大学出版社2004年版。

24. 雷正光:《"双元制"职教模式及实验研究》,中国科学技术出版社1999年版。

25. 杭永宝:《职业教育的经济发展贡献和成本收益问题研究》,东南大学出版社2005年版。

26. 石伟平:《比较职业技术教育》,华东师范大学出版社2001年版。

27. 黄从:《德国"双元制"职教模式在CTM的实验研究》,文化出版社1997年版。

28. 应文涌:《职业技术教育与社会经济发展》,云南教育出版社1993

年版。

29. 钱民辉：《职业教育与社会发展研究》，黑龙江教育出版社 1999 年版。

30. 李蔺田、王萍：《中国职业技术教育简史》，北京师范大学出版社 1996 年版。

31. 刘小芹：《日本职业教育现状考察报告》，载《职业技术教育》2006 年第 27 卷第 1 期。

32. 钟宇平、陆根书：《高等教育需求影响因素分析——一个系统分析框架》，经济日报出版社 2006 年版。

33. 马克·贝磊，胡文斌译：《教育全成本核算》，北京师范大学出版社 2000 年版。

34. 马克·贝磊：《政府与家庭的教育经费分担：寻求适当的平衡》，载《北京大学教育评论》2003 年 4 月第 1 卷第 2 期。

35. 耿金岭：《中等职业教育与高等职业教育衔接研究》，中国科学技术大学出版社 2008 年版。

36. 闻有信、杨金梅：《职业教育史》，海南出版社 2002 年版。

37. 曲恒昌、曾晓东：《西方教育经济学研究》，北京师范大学出版社 2000 年版。

38. 沈超：《就业·收入·和谐》，中国经济出版社 2006 年版。

39. 袁连生：《教育成本计量探讨》，北京师范大学出版社 2000 年版。

40. 刘泽云：《教育投资收益分析》，北京师范大学出版社 2004 年版。

41. 崔邦炎：《高等学校学生培养成本计量》，高等教育出版社 2006 年版。

42. 孙志军：《中国农村的教育成本、收益与家庭教育决策》，北京师范大学出版社 2004 年版。

43. 上海市教育科学研究院职业教育与成人教育研究所：《上海职业教育与成人教育》，上海教育出版社 2002 年版。

44. 陈敬良：《高等教育成本管理论》，上海科技教育出版社 2001 年版。

45. 霍文达：《教育成本分析》，中央民族大学出版社 1998 年版。

46. 陆根书、钟宇平：《高等教育成本回收的理论与实证分析》，北京师范大学出版社 2002 年版。

47. 范先佐：《教育财务与成本管理》，华中师范大学出版社 2004 年版。

48. 黄炎培：《黄炎培教育文选》，上海教育出版社 1985 年版。

49. 华东师范大学教育科学研究所编著：《技术教育理论》，华东师范大学出版社 1983 年版。

50. 教育部财务司：《全国教育经费执行情况统计公告资料汇编》，中国人民大学出版社 2002 年版。

51. 联合国教育、科学及文化组织：《联合国教科文组织和国际劳工组织的建议书》，2003 年。

52. 萧今、黎万红：《发展经济中的教育与职业》，天津人民出版社 2002 年版。

53. 郝克明：《当代中国教育结构体系研究》，广东教育出版社 2001 年版。

54. 郝克明：《中国教育体制改革 20 年》，中州古籍出版社 1998 年版。

55. 郭福昌、吴德钢：《教育改革发展论》，河北教育出版社 1996 年版。

56. 中国教育年鉴编辑部：《中国教育年鉴 1949～1981》，中国大百科全书出版社出版 1984 年版。

57. 顾海良：《教育体制改革攻坚》，中国水利水电出版社 2006 年版。

58. 郝克明：《建设有中国特色的社会主义教育体系的宏伟纲领》，人民教育出版社 1993 年版。

59. 金铁宽：《中华人民共和国教育大事记》，山东教育出版社 1995 年版。

60. 杜作润：《中华人民共和国教育制度》，三联书店（香港）有限公司 1999 年版。

61. 苗苏菲：《从无偿教育到有偿教育》，四川教育出版社 1994 年版。

62. 杜育红：《学校管理的经济分析》，北京师范大学出版社 2003 年版。

63. 欧阳河：《职业教育基本问题研究》，教育科学出版社 2006 年版。

64. 匡瑛：《比较高等职业教育：发展与变革》，上海教育出版社 2006 年版。

65. 何东昌：《中华人民共和国重要教育文献》，海南出版社 1998 年版。

66. 李秉龙：《中国农村贫困、公共财政与公共物品》，中国农业出版社2004年版。

67. 宋立：《各级政府公共服务事权财权配置》，中国计划出版社2005年版。

68. 何小刚：《职业教育研究》，安徽人民出版社2006年版。

69. 杨进：《论职业教育创新与发展》，高等教育出版社2005年版。

70. 刘合群：《职业教育学》，广东高等教育出版社2004年版。

71. 中华人民共和国教育部：《大力推进职业教育改革与发展》，高等教育出版社2002年版。

72. 中华人民共和国教育部：《大力发展中国特色的职业教育》，高等教育出版社2006年版。

73. 丁小浩：《教育的个人内部收益率的计算方法评析》，载《教育与经济》1998年第4期。

74. 李文利：《高等教育私人支出、家庭贡献与资助需求分析》，载《教育与经济》2006年第1期。

75. 吉利：《职业教育经济效能评价分析》，教育科学出版社2008年版。

76. 陈晓宇、夏晨、陈良焜：《二十世纪九十年代中国城镇教育收益率的变化与启示》，载《北京大学教育评论》2003年第2期。

77. 吴蔚、李士伟：《发展职业教育是国策——访教育部职业技术教育中心研究所所长助理姜大源》，载《教育与职业》2006年第1期。

78. 陈晓宇、闵维方：《论中国高等教育的预期收益与劳动力市场化》，载《教育研究》1999年第1期。

79. 杜育红等：《欠发达地区城镇个人教育收率——以内蒙古赤峰市为例的研究》，载《西北师大学报（社会科学版）》2006年第1期。

80. 赵佩芬：《深圳、海南、珠海、汕头、厦门经济特区职业教育投入的现状、分析及思考》，载《教育与经济》1996年第2期。

81. 牛征：《关于优化职业教育资源配置的研究》，载《教育科学》2001年第1期。

82. 牛征：《中国职业教育投资的问题与对策》，载《山东教育科研》

2002 年第 8 期。

83. 岳昌君:《大学生就业选择的行业因素分析》，载《北京大学教育评论》2004 年 7 月第 2 卷第 3 期。

84. 李实:《中国城镇教育收益率的长期变动趋势》，载《中国社会科学》2003 年第 6 期。

85. ［美］西奥多·W·舒尔茨，蒋斌、张蘅译:《人力资本投资——教育和研究的作用》，商务印书馆 1990 年版。

86. 贝克尔，梁小民译:《人力资本——特别是关于教育的理论与经验分析》，北京大学出版社 1987 年版。

87. 谢洋:《招生“无门槛”西部九校调研揭示中职教育隐忧》，中国新闻网 2010－01－18。

88. 杭州网:《我国高等教育毛入学率达 26.5%》，2011－03－29。

89. 谢焕忠主编:《中国教育统计年鉴 2010》，人民教育出版社 2011 年版。

90. 李建兴:《技术职业教育的成本与效益》，台湾学生书局 1978 年版。

91. 邢志杰:《关于教育收益率研究的国际比较》，载《北大教育经济研究》(电子季刊) 2004 年 2 月第 2 卷第 1 期。

92. 陈晓宇、陈良焜:《城镇私人教育收益率研究》，载闵维方主编:《高等教育运行机制研究》，人民教育出版社 2002 年版。

93. 陈晓宇、闵维方:《论中国高等教育的预期收益与劳动力市场化》，载《教育研究》1999 年第 1 期。

94. 李实、丁赛:《中国城镇教育收益率的长期变动趋势》，载《中国社会科学》2003 年第 6 期。

95. 岳昌君:《教育对个人收入差异的影响》，载《北大教育经济研究》(电子版) 2004 年 9 月。

96. 杜育红、孙志军:《中国欠发达地区的教育、收入与劳动力市场经历——基于内蒙古赤峰市城镇地区的研究》，载《管理世界》2003 年第 9 期。

97. 张学敏主编:《教育经济学》，西南师范大学出版社 2005 年版。

98. 刘泽云:《教育经济学》，华东师范大学出版社 2008 年版。

99. 王善迈主编:《教育经济学简明教程》，高等教育出版社 2000 年版。

100. 贾云鹏：《平均个人教育机会成本计量模型探微》，载《西华师范大学学报（哲学社会科学版）》2010 年第 1 期。

101. ［美］埃尔查南·科恩、特雷·G·盖斯克，范元伟译：《教育经济学》，上海人民出版社 2009 年版。

102. 闵维方、丁小浩、文东茅、岳昌君：《2005 年高校毕业生就业状况的调查分析》，载《高等教育研究》2006 年 1 月第 27 卷第 1 期。

103. 杨钋：《高等职业教育收益研究的现状与问题》，载《中国职业技术教育》2011 年第 36 期。

104. 陈晓宇、陈良焜、夏晨：《20 世纪 90 年代中国城镇教育收益率的变化与启示》，载《北京大学教育评论》2003 年 4 月第 1 卷第 2 期。

（二）英文文献

1. Akpinar, Aise. Financing of vocational and technical education in Turkey. Ankara, 2003.

2. Andersson Ronnie. The financing of vocational education and training in Sweden. CEDEFOP, 2000.

3. Atkinson David. The financing of vocational education and training in the United Kingdom. CEDEFOP, 1999.

4. Aysit Tansel. General versus vocational high schools and labor market outcomes in turkey. Working Paper 9905.

5. Barro, R.. Human capital and growth: American Economic Review, 2001, 91, 2.

6. Bellew, R. & Moock, P.. Vocational and technical education in Peru. Economics of Education Review, 1990.

7. Berman Peter. National Health Accounts in Developing Countries: Appropriate Methods and Recent Applications. Health Economics, 1997.

8. Berne, R. and Stiefel, L.. The Measure of Epuity in School Finance. Baltimore, 1984.

9. Byron, Manolato, R. P. Byron and E. Q. Manolato. Returns to education in

China. Economic Development and Cultural Change, 1990, 38 (4), pp. 783 - 796.

10. Deissinger, T.. Germany's system of vocational education and training: challenges and modernisation issues. International Journal of Training Research, Vol. 2, No. 1, pp. 76 - 99.

11. Deissinger, T. & Hellwig, S.. Initiatives and strategies to secure training opportunities in the German vocational education and training system. Journal of Adult and Continuing Education, Vol. 10, No. 2, 2004, pp. 160 - 174.

12. De la Fuente, A. & Jimeno, J. F.. The private and fiscal returns to schooling and the effect of public policies on private incentives to invest in education: a general framework and some results for the EU. UFAE and IAE Working Paper, 2004, 635, 04.

13. Department for Education and Skills. Education: Education and training statistics for the United Kingdom. DfES, London.

14. D. L. Lindauer and J. Haughton. Economic growth and the labor market. In: J. H. Dapice, J. Haughton and D. Perkins, Editors, In search of the dragon's trail: economic reform in Viet Nam, Harvard University Press, Cambridge, MA 1996.

15. Dibowski, G.. Vocational education and training made in Germany. Keynote Presentation, Chamber of Commernce, Dubai, 16 February, 2003.

16. D. T. Jamison and J. van der Gaag. Education and earnings in the People's Republic of China. Economics of Education Review, 1987, 6 (2), pp. 161 - 166.

17. European Commission, DG Education and Culture. Implementation of "Education &training 2010" work programme. Working group "Making the best use of resources". Progress report, 2004.

18. European Commission. Progress Towards the Lisbon Objectives in Education and Training. Staff Working Paper, March, 2005.

19. Fatma El - Hamidi. General or Vocational? Evidence on School Choice,

Returns, and Sheep Skin? Effects from Egypt 1998. Twenty-fifth Annual Meeting of The Middle East Economic Association (MEEA) Allied Social Science Associations Philadelphia, Pennsylvania, 2005.

20. Felstead, Alan. Output – Related Funding in Vocational Education and Training. A Discussion Paper and Case Studies [J]. European Centre for the Development of Vocational Training, 1998.

21. Fox Roger & McGinn Kathy. The financing of vocational education and training in Iceland. CEDEFOP, 2000.

22. G. Psacharopoulos. Returns to investment in education: a global update. World Development, 1994, 22 (9), pp. 1325 – 1343.

23. Hanushek, E. A.. The failure of input-based schooling policies. Economic Journal, 113, February, 2003.

24. Hiebert, M.. Wage revolution: Vietnam makes salaries reflect responsibilities. Far Eastern Economic Review, 28 September, 1993, P. 95.

25. Hollenbeck, K.. Postsecondary education as triage: returns to academic and technical programs. Econimics of Education Review, 1993.

26. Hummelsheim Stefan & Timmermann Dieter. The financing of vocational education and training in Germany. CEDEFOP, 2000.

27. Indigenous Education Direct Assistance (IEDA). Vocational And Education Guidance For Aboriginals Scheme (VEGAS), 2004.

28. Inquiry Into Vocational Education In Schools (Response On The House of Representatives Standing Committee On Education And Training), 2004.

29. Insan Tunali. General vs. vocational secondary school choice and labor market outcomes in Turkey, 1988 – 98. The 10th Annual ERF Conference, 2003.

30. J. Mincer, Schooling, experience and earnings. National Bureau of Economic Research, New York, 1974.

31. J. – P. Tan and A. Mingat. Education in Asia: a comparative study of cost and financing. World Bank, Washington D. C., 1992.

32. Jung, T, Misko, J, Lee, K, Dawe, S&Sun Y, Lee.. Effective

measures for school-to-work transition in the vocational education system; Lessons from Australia and Korea, NCVER, Adelaide, 2004.

33. J. Varga. Returns to education in Hungary. Acta Oeconomica, 1995, 47 (1 -2), pp. 203 -216.

34. Kane, T. J. & Rouse, C. E.. Labor-market retums to two-and four-year college. The American Economic Review, 1995, 85 (3), pp. 600 -614.

35. Lando, M. E.. The interaction between health and education. Social Security Bulletin, 1975, 12, pp. 16 -22.

36. Leibowitz, A.. Home investment in children. Journal of Political Economy, 1974.

37. Leney, T.. Achieving the Lisbon goals: The contribution of VET: Executive summary. Qualifications and Curriculum Authority, London, 2004.

38. Leonard Cantor. Vocational education and training in the developed world [J]. Journal of Vocational Education & Training, Volume 43, Issue 115 September 1991, pp. 173 -182.

39. Madanat Haidar. The influence of economic and social factors, father's level of education and student's achievement on the attitudes of 3rd grade male preparatory students toward vocational education. Dirasat. Vol. 11 (2), Oct 1984, pp. 68 -92.

40. Manfred Tessaring and Jennifer Wannan. Vocational education and training-key to the future. CEDEFOP, 2003.

41. Maureen T.. Hallinan. Vocational Secondary Education, Tracking, and Social Stratification, 2006.

42. Meer, P. and Wielers, R.. Educational credentials and trust in the labour market. Kyklos, 1996, 49, pp. 29 -46.

43. Metcalf DH.. The Economics of Vocational Training; Past Evidence and Future Considerations. World Bank Staff Working Paper No. 713. World Bank, Washington. D. C., 1985.

44. Michael Hortnagl. The financing of vocational education and training in

Austria, CEDEFOP, 1998.

45. Michelet Valerie. The financing of vocational education and training in France, CEDEFOP, 1998.

46. Moenjak, Thammarak and Christopher Worswick. Vocational education in Thailand: a study of choice and returns. Economics of Education Review, 2003, 22, pp. 99 – 107.

47. Moock, P. R., Patrinos, H. A. & Venkataraman. M. Education and earnings in a transition economy (Vietnam). Washington, DC. World Bank Policy research working paper, 1998, pp. 1920.

48. Mukesh Chawla. How Much Does Turkey Spend on Education? The World Bank, 2005.

49. National Observatory in Bulgaria. Report on finincing: Investment in human resources. Sofia, 2003.

50. Oroval Esteve & Torres Teresa. The financing of vocational education and training in Spain. CEDEFOP, 2000.

51. Peter R. Moocka, Harry Anthony Patrinos and Meera Venkataramanb. Education and earnings in a transition economy: the case of Vietnam. Economics of Education Review Volume 22, Issue 5, October 2003, pp. 503 – 510.

52. P. F. Orazem and M. Vodopivec. Winners and losers in transition: returns to education, experience, and gender in Slovenia. World Bank Economic Review, 1995, 9 (2), pp. 201 – 230.

53. Pitkanen Kari. The financing of vocational education and training in Finland. CEDEFOP, 1999.

54. Psacharopoulos, George. Diversified secondary education and development: evidence from Colombia and Tanzania, Published for the World Bank, Washington, D. C. (USA), 1985.

55. Psacharopoulos, George. To vocationalize or not to vocationalize? That is the curriculum question. International Review of Education 1987, 33 (2),

pp. 187 – 211.

56. Psacharopoulos, G. & Patrinos, H. A.. Returns to investment in education: a further update. Washington, D. C., World Bank Policy research working paper, 2002, P. 2881.

57. Psacharopoulos, G.. Returns to Investment in Education: A Global Update. World Development, 1994, 22, 9.

58. Quinn, R. P. and de Mandilovitch, M. S. B.. Education and job satisfaction: A questionable payoff. Ann arbor, MI; Survey research center, University of Michigan, 1975.

59. Reforming School Finance. Simplification through Simulation. Educational Technology, 1978, 18 (5), pp. 33 – 36.

60. R. G. Gregory and X. Meng. Wage determination and occupational attainment in the rural industrial sector of China. Journal of Comparative Economics, 1995, 21, pp. 353 – 374.

61. R. H. Stroup and M. B. Hargrove. Earnings and education in rural south Vietnam. Journal of Human Resources, 1969, 4 (2), pp. 215 – 225.

62. Romijn Clemens. The financing of vocational education and training in Netherlands. CEDEFOP, 1999.

63. Sacramento. Report to the California Senate Select Committee on School District Finance, 1972.

64. Shoshana Neuman & Adrian Ziderman. Vocational Education in Israel: Wage Effects of VocEd – Occupation Match. The Journal of Human Resources, 1999.

65. Shoshana Neuman & Adrian Ziderman. Vocational Schooling, Occupational Matching and Labour Market Earnings in Israel. J. Hum. Resources, 1991, 26 (2).

66. Some Speculations on School Finance and a More Egalitarian Society. Education and Urban Society, 1973, 5 (2), pp. 223 – 238.

67. Steve Bainbridge, Julie Murray, Tim Harrison and Terry Ward. Learning

for employment. Second report on vocational education and training policy in Europe. Cedefop, 2003.

68. Thammarak Moenjak and Christopher Worswick. Vocational education in Thailand: a study of choice and returns. Economics of Education Review, 2003, 22, pp. 99 – 107.

69. The Effects of Alternative State Aid Formulas on the Distribution of Public School Expenditures in Massachusetts. Review of Economics and Statistics, 1973, 55 (1), pp. 91 – 97.

70. The World Bank. Decision and change in Thailand: three studies in support of the seventh plan. World Bank, Washington D. C., 1991.

71. The World Bank. Priorities and strategies for education: a World Bank review. World Bank, Washington D. C., 1995a.

72. The World Bank. Reforming Technical Vocation and Training in the Middle East and North Africa, 2005.

73. The World Bank. Turkey – Povety and Coping after Crises. Report No. 24185, Washington D. C., 2002.

74. The World Bank. Vietnam: education financing (A World Bank country study). World Bank, Washington D. C., 1997.

75. The World Bank. Vietnam: economic report on industrialization and industrial policy (Report No. 14645 – VN). World Bank, Washington D. C., 1995b.

76. The World Bank. World Development Indicators, 2003. Washington D. C., 2003.

77. Trost, R. P., &Lee, L. F.. Technical tranining and earnings: a polychotomous choice model with selectivity. The Review of Economics and Statistics, 1984, 66, pp. 151 – 156.

78. Vantuch Juraj. Recent development in education, training and employment policy in Slovakia (2003 Short Country Report). Bratislava, 2004.

79. Weisbrod B.. External benefits of public education and economic

analysis. Princeton, Industrial Relations Section paper, 1964.

80. X. Meng. The role of education in wage determination in China's rural industrial sector. Education Economics, 1995, 3 (3), pp. 235 – 248.

81. Y. Xie and E. Hannum. Regional variation in earnings inequality in reform-era urban China. American Journal of Sociology, 1996, 101 (4), pp. 950 – 992.

后　　记

本书是笔者主持的2008年度国家社科基金全国教育科学“十一五”规划课题《中等职业教育与普通高中教育成本效益比较研究》的最终成果。1999～2004年，我国中等职业教育发展缓慢，具体体现在中职学生数占高中阶段学生数比例逐年下降，中职学校数逐年减少，基本上形成了“普高热、职高冷”的局面。尽管后来在国家政策的大力支持下，中职招生人数逐步增加，在校生数占高中阶段学生数的比例逐步回升，2007年，全国中职学校首次招进800万人，在校生规模达到2100万人，与普通高中规模基本持平。但不可否认的事实是，在这看似“回暖”的背后，中职学校招生依旧困难，为了完成各级政府下达的指标，庞大的招生费用让本来经费就较为紧张的中职学校困难重重，生源质量也远比高中差，“生源大战”使中职招生进入“无门槛”时代，中职学校往往成为中考落榜生的收容所，学生选择中职绝大部分是基于考不上高中或迫不得已等原因而做出的选择。

中等职业教育与普通高中教育是高中阶段教育的两种不同类型，初中毕业生是选择中等职业教育还是选择普通高中教育，是在比较这两种教育类型让学生承担的成本和带来的预期收益基础上作出的抉择。笔者追踪了湖南省1993届和2002届中职和高中毕业生当年承担的成本和目前获得的收益，进行了中职与高中毕业生的对比。这种对比是全方位的，不仅包括1993届中职和高中毕业生的对比，而且包括2002届中职和高中毕业生的对比；不仅包括这两届学生不同教育类型的横向对比，而且包括不同届的学生纵向对比；不仅包括当年承担的成本的对比，而且包括目前收益的对比；不仅包括货币收益的对比，而且包括非货币收益的对比。通过对比分析，笔者发现，我国中等职业教育的发展，目前更应该重视效益的提高。防止中职学校的大规模扩招，本来在结构、质量、特色等方面就存在不少问题的中职学校出现生均教育资源占有量走低，教育质量下降，教育产出堪优，最终导致教育效益下滑等现象。

本书的顺利出版，我要把我最大的感激呈献给尊敬的博士生导师——著名教育经济学家王善迈教授。先生渊博的知识、谦逊的为人、博大的胸怀和严谨的治学态度无时无刻不激励着我努力前行。记得我最初得知自己获得国家社科基金时，兴奋得给先生发信息报喜，先生语重心长地回信息告诉我："一个大学老师，一定要兢兢业业做好两项工作，就是教学和科研。这两项工作要双肩挑，而且要认认真真挑。"所以，每当夜深人静、孩子进入梦乡我还对着电脑挑灯夜战的时候；每当我困惑得不知道如何才能把课题做下去的时候；每当我为课题为教学忙得头晕脑涨的时候，先生的激励就在耳边回荡。先生犹如黑暗中的一盏明灯，给予我勇气，给予我力量，照亮我前进的方向。

本书的顺利出版，我还要把同样的感激奉献给尊敬的硕士生导师刘茂松教授。刘教授对学生的爱犹如父亲对女儿的爱，父爱如山，源远流长。学生每次遇到困惑，需要帮助，先生都会雪中送炭，倾其力、竭其能。每每忆起，心潮涌动。

课题从问卷设计到具体调研，到问卷统计，再到问卷分析，最后到出版书籍，两位先生均细心指导，倾力相助。师恩深重，学生终生难忘！

两位先生是我学术上的导师，两位师母就是我生活上的导师。做课题期间，正好赶上了孩子的叛逆期，孩子的教育给了我不少困惑。累了，困惑了，都是两位犹如母亲的师母耐心倾听，细心指导。是她们让我感受到了绝妙的教育方法带来的神奇力量，是她们润物细无声的言语让我急躁的心逐渐平静，更是他们慈祥的母爱让我传递下去成就了儿子的懂事。母爱深重，终身铭记！

非常感谢长沙理工大学伍海泉教授、戴罗仙教授、陈浩凯处长、余小波教授、黄维教授以及湖南省教育科学规划办李倡平主任对本课题的深切的关心和耐心的指导，课题的开题、问卷的设计、数据的处理等都倾力相助，提出了很多很好的建议。让我理清了研究思路，找到了研究方向。

笔者要重点感谢刘解龙教授对本课题的鼎力支持和指导，刘教授如导师般地关爱让学生感激不尽，永远铭记！

在这里，我尤其要感谢的是教育部职业教育与成人教育司刘建同副司长，曾记得当年做导师的课题对当今社会国内国际职业教育热点问题把握不定彷徨不知所措时，每次打电话与刘司长相约，刘司长均会在百忙之中抽出时间耐心给我解答，并殷切的期望我们课题的成果。目前我主持自己的课题时，经常能够收到他殷切鼓励和大力支持！非常感谢湖南省教育厅、长沙市教育局、常德市教育局、邵阳市教育局、醴陵市教育局、新邵县教育局和洞口县教育局，他们热心的支持让我顺利完成全部调研。

感谢长沙理工大学经济与管理学院所有的领导和同事，是他们的大力支持让我顺利完成课题，出版书籍。笔者亦感谢学生申军辉在数据统计过程中所付出的辛劳。

最后我还要感谢我的家人对我完成课题的支持和理解。丈夫刘凯忙前忙后联系调研，并请假陪我出行，出谋划策，让我浮躁的心能够逐渐平静。尤其我要感谢我的儿子刘孜亮给我们家庭带来的无限欢乐。课题的进展见证了儿子的成长，每次当我忙课题的时候，儿子就会表现得出奇的懂事。每每忆起，幸福洋溢！

恩情浩荡，我现无以为报，唯有努力前行，负重求索，以图不远之将来回馈师友和亲人汤汤恩情。

本书为笔者主持的2008年度国家社科基金全国教育科学“十一五”规划课题《中等职业教育与普通高中教育成本效益比较研究》（CFA080241）的最终成果，也是笔者承担的2009年全国教育科学规划重点项目《加快普及高中阶段教育条件保障研究》子课题的成果，并得到长沙理工大学的出版资助。课题组的成员有：李辉（博士，中南大学讲师）；龙舟（博士，中南大学公共管理学院讲师）；易华（博士，湖南商学院工商管理学院讲师）；王琼芝（硕士，湖南机电职业技术学院讲师）；董智（硕士，湖南财政经济学院讲师)；谷铂滢（长沙理工大学硕士研究生)。最终书稿的撰写人为李兰兰和王琼芝，其中，王琼芝负责本书第三章的第一节和第四章，其余部分为李兰兰撰写。由于撰写人水平有限，书中存在的不足或缺陷在所难免，竭诚欢迎广大读者批评指正。

李兰兰

2013 年 10 月